高等教育艺术设计专业"十四五"校企合作融媒体系列教材

视觉文创设计

主　编　宋　萱　毛素梅　周志杰
副主编　潘美莲　曾晨浩　郭丽丽　张念伟

华中科技大学出版社
http://press.hust.edu.cn
中国·武汉

内容简介

《视觉文创设计》是为视觉传达设计专业教学设计开发的一本立体化教材。其以文创产业为背景，对标专业设计服务岗位，是理论与实践高度结合的专业课程配套教材。学生通过本课程的学习，可了解文创设计发展的脉络与设计理念，以及文创产业的现状和趋势等；同时围绕创新设计和项目实训，结合包装制作工艺的实践学习和电脑辅助设计制图的操作训练，掌握一定的文创设计实操技能，使自身具备较高的设计服务人员职业素养。

图书在版编目(CIP)数据

视觉文创设计 / 宋萱，毛素梅，周志杰主编. -- 武汉：华中科技大学出版社，2024.10. -- ISBN 978-7-5772-1332-3

Ⅰ.G114

中国国家版本馆 CIP 数据核字第 2024NM5839 号

视觉文创设计
Shijue Wen-chuang Sheji

宋　萱　毛素梅　周志杰　主编

策划编辑：江　畅
责任编辑：叶向荣
封面设计：孢　子
责任校对：阮　敏
责任监印：朱　玢

出版发行：华中科技大学出版社（中国·武汉）　　电话：（027）81321913
　　　　　武汉市东湖新技术开发区华工科技园　　邮编：430223
录　　排：华中科技大学惠友文印中心
印　　刷：武汉市洪林印务有限公司
开　　本：889 mm×1194 mm　1/16
印　　张：11
字　　数：301 千字
版　　次：2024 年 10 月第 1 版第 1 次印刷
定　　价：66.00 元

本书若有印装质量问题，请向出版社营销中心调换
全国免费服务热线：400-6679-118　竭诚为您服务
版权所有　侵权必究

前言
Preface

在信息化与全球化迅速发展的时代背景下，文化创意产业作为社会文化进步的关键推动力量，正以前所未有的速度展现其独特魅力。在丰富多彩的中华文化背景之下，视觉文创设计不仅肩负着保护文化遗产的重要责任，还在塑造现代生活面貌方面发挥着至关重要的作用。本书旨在全面展示视觉文创设计的理论基础与实践应用，结合丰富深厚的中华文化元素，探讨如何在设计过程中巧妙融合传统与现代元素，展现出东方美学的独特魅力。书中详细介绍了基础设计原则与创新方法，特别强调通过视觉语言传达深层文化意义的技巧，以及运用现代技术表达传统美学的方式。

广州岳冠网络科技有限公司为本书编写提供的案例支持，可为您提供丰富知识和启发灵感的宝贵资料。在编写本书的过程中，我们参考了许多著作、刊物和网站。在此，我们要感谢这些作品和文献的作者。对于未能详尽标注作者和出处的引用作品和文献的著作权人，我们深表歉意。感谢各位的理解与支持。本书的编写也得到了许多同事、朋友和优秀毕业生的支持，他们提供了宝贵的图片和资料，在此表示衷心的感谢。

扫码查看更多学习资料

目录 Contents

第一章　文创项目管理及市场调查　/1

1.1　文创项目管理概述　/2
1.2　北京故宫文创的运营策略　/4
1.3　传统文创产品开发策略要求与模式　/5
1.4　国内文创产品的创新管理对策　/7

第二章　文创产品受众行为分析与用户画像　/10

2.1　文创产品受众行为分析　/11
2.2　文创产品用户画像　/15

第三章　文创产品开发中的头脑风暴　/21

3.1　文创产品设计定位　/22
3.2　文创产品价格定位　/23
3.3　文创产品功能定位　/23
3.4　文创产品质量定位　/25

第四章　文创产品设计的表现技巧　/26

4.1　文创产品设计构思和理念　/27
4.2　文创产品设计的表达　/29

第五章　设计实践——文创设计打样与模型制作　/35

5.1　文创设计打样　/36
5.2　模型制作　/37
5.3　3D打印技术　/39

第六章　设计实践——中秋月饼礼盒包装设计与效果图展示　/42

6.1　设计前期准备——流程讲解　/43

6.2　包装插画——线稿绘制（上）　　　　　　　　　　　　/47
6.3　包装插画——线稿绘制（下）　　　　　　　　　　　　/51
6.4　内插口盒和天地盖礼盒刀模绘制　　　　　　　　　　　/54
6.5　系列化视觉设计——内包装盒基本信息排版（上）　　　/61
6.6　系列化视觉设计——内包装盒基本信息排版（下）　　　/64
6.7　系列化视觉设计——天地盖礼盒和手提袋展开图排版　　/68
6.8　包装效果表现——外包装盒和内包装建模　　　　　　　/78
6.9　包装效果表现——主效果图构图分析　　　　　　　　　/86
6.10　包装效果表现——运用图层工具进行材质分层　　　　/99
6.11　KeyShot 渲染——包装盒贴图与多种材质的呈现　　　/106

第七章　设计实践——自封口纸袋香薰片系列包装设计　　/123

7.1　设计前期准备——流程详解　　　　　　　　　　　　　/124
7.2　插画设计——基本构图　　　　　　　　　　　　　　　/127
7.3　插画设计——元素整合　　　　　　　　　　　　　　　/130
7.4　插画配色——绿色调　　　　　　　　　　　　　　　　/133
7.5　插画配色——蓝色调　　　　　　　　　　　　　　　　/138
7.6　插画配色——红色调　　　　　　　　　　　　　　　　/141
7.7　香薰片包装排版——标签和内包排版设计　　　　　　　/146
7.8　纸袋的刀模绘制及包装排版设计　　　　　　　　　　　/152
7.9　香薰片包装袋 3D 建模——犀牛的基础工具运用　　　　/156
7.10　香薰片包装袋 3D 建模——效果图的构图与材质分层　/159
7.11　香薰片包装袋 3D 渲染——KeyShot 工具的运用　　　/165

参考文献　　　　　　　　　　　　　　　　　　　　　　　　/169

Shijue Wen-chuang Sheji

第一章
文创项目管理及市场调查

内容概述

本章探讨了文创项目管理的基本概念、方法和流程,强调其在设计中的重要性。内容涉及团队建设、项目生命周期、计划与控制、风险和质量管理,目的是以科学管理确保文创项目成功。此外,还借鉴了相关品牌营销的经验,提出创新设计策略,以推动我国文创产业的发展。

学习目标

(1)掌握文创项目管理的基本概念和方法,了解项目生命周期的各个阶段。
(2)学习如何制定详细的项目计划,并在执行过程中进行有效的监控和调整。
(3)掌握识别、评估和应对文创项目中各种风险的技术和工具,以确保项目顺利进行。

学习难点

学习难点在于理解和应用文创项目管理的理论和技术。学生需要掌握如何在时间、资源、成本、技术材料和制造等方面的限制下,对任务和资源进行合理规划、组织协调和控制。此外,组建高效的文创设计团队以及确保团队在相同设计机构中的高效运作也是一个挑战,特别是需要一位具备杰出职业素养和管理才华的文创项目领导者。

1.1 文创项目管理概述

文创商品的设计通常是通过一系列的项目来实施的,在这些创意设计与特定项目所需技术和管理知识结合之处,便孕育了文创设计与项目管理的结晶。

文创设计项目的管理,是一种结合了项目管理科学与创意产业实践的复合型活动。它要求在既定的时间框架内,充分考量资源分配、成本控制、技术材料选择和制造过程等多重因素,以确保设计目标的顺利达成。精确的计划、有效的组织、灵活的协调和严格的控制,可以优化项目执行过程,提高设计成果的质量和效率。

文创设计活动阶段模型图见图 1-1-1。

1. 文创设计项目的管理准备

(1)组建文创设计队伍。

企业会根据创意设计项目的特点、性质,以及企业的技术实力来考虑是否要建立一个文创设计团队,以及这个团队应该如何构成。

文创设计团队在相同设计机构中的高效运作,有赖于一位卓越的文创项目领导者。这名管理人员须具备杰出的职业素养,不仅需其在行业技术上的娴熟与领导团队的管理才华;还需其拥有远见卓识和谋划事务的技巧;并且其需要一定程度的职权,用以有效指挥并监督来自不同部门的项目小组成员。

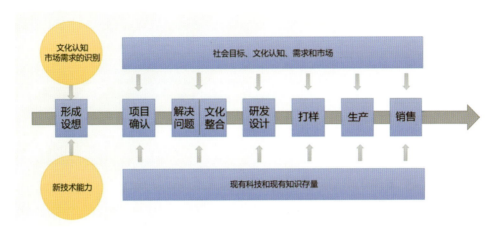

图 1-1-1 文创设计活动阶段模型图

①指定设计经理。
②指定文创设计师。
a. 编制文创设计规划书。
b. 选择文创设计师和项目负责人。
c. 组织和协调文创设计活动,激励设计人员。
d. 负责文创设计组织与其他部门协调工作。
e. 管理文创设计项目流程的全过程。
(2)进行文创设计前期检查。
①检查以往文创设计项目成功或失败原因。
②检查设计技术薄弱环节。
③检查文创项目管理的能力和水平。
(3)编制文创设计规划书。
①设计目标。
②设计计划。
③设计要求。

2. 文创设计项目的管理设计

文创设计项目的管理设计是指管理者对具体的文创项目在执行过程中所做的全面管理工作。

3. 文创设计评估

评价的核心作用在于迅速解决文创设计过程中遇到的难题,保障设计优良品质的同时降低产品开发过程中的潜在风险。

4. 文创设计团队管理

文创设计的难度以及繁复性使该项目的实现必须依赖于具备多种技能的文创设计团队,文创设计团队只有齐心协力方能圆满完成任务。

1.2　北京故宫文创的运营策略

1. 采用多媒体营销策略

故宫博物院配合拍摄的电视专题片《我在故宫修文物》于 2016 年 1 月 7 日正式播出。该片深度展示了文物修复师在紫禁城进行古籍字画、铜器、宫廷计时器材、木制品、陶瓷、雕漆工艺、宝石镶饰、帝王绣品等珍贵文物修复的具体流程以及他们个人背后的故事。该片自播出便迅速获得了观众的广泛喜爱，并引领着更多的观众步入了皇家博物馆及其珍宝文物的神秘世界。紫禁城以其卓越的文化创造力集聚了一大批忠诚的追随者，这也为其成为文化领域的一个重要知识产权打下了稳固的民意基础。随着时光流逝，故宫博物院与其他九家国家级博物馆共同发起了名为《国家宝藏》的电视节目，进一步挖掘并展现了深受广大人民喜爱的历史文化珍品。该节目特邀众多名流担任传统文化传承的推广者，他们叙述了那些文化珍品所承载的往事，并阐释了中华文明内涵的精髓，搭建起古今文化传承的纽带，拉近了现代社会与传统文化遗存之间的距离。紧接着推出的纪录片《上新了·故宫》进一步巩固了这种看法，让传统文化展现出了更加活泼和亲民的风貌。故宫博物院通过网络平台的创新利用，大力推广其文化遗产。它在微博和 Bilibili 等社交媒体上设立了官方账号，并通过开设故宫淘宝店和故宫出版社，进一步拓宽了其文化宣传的渠道。故宫还推出了一系列数字化产品，如"每日故宫"和"故宫大展"，建立了一个多维度的网络传播平台。这些努力不仅塑造了故宫的品牌形象，而且极大地增强了其文化传播的广泛性和深远影响。

2. 并行推进网络与实体渠道，培养数字化思维模式

在网络营销领域，故宫自 2008 年起初探电子商务，建立了早期版本的"故宫淘宝"。该平台于 2010 年对外宣布正式运作，不断更新迭代，积极涉猎文化创意商品的研发。到 2021 年，"故宫淘宝"集结了超过 735 万的坚定支持者，经销的主要产品包含文具、日常用品及首饰等。故宫凭借其独树一帜的设计风格、幽默风趣的商品文案和亲民的定价策略，在电商竞争中稳固了自己的地位。故宫的电商版图扩展到包括"故宫博物院文创旗舰店"和"朕的心意旗舰店"在内的多个电子商务平台，由专业团队管理，深入挖掘市场潜力，不断推动产品创新。故宫还策略性地加强了线下实体店的布局，形成了线上线下融合的营销体系，有效触及消费者。在线下，故宫在 2015 年、2017 年和 2018 年分别开设了面向公众的体验型文创展馆，如丝绸、古服饰、影像展览等，并为儿童设计了专属的文创产品和互动活动。此外，故宫通过一系列主题鲜明、互动性强的快闪店，极大提升了游客的体验。

3. 平台合作，整合营销

近期，紫禁城携手《人民日报》、阿里巴巴、腾讯等强化了策略合营。依托数字技术与新型零售的优势，最大限度地挖掘并利用已有资源，成功将紫禁城的文化创意项目塑造成深受青年群体欢迎的知名品牌。此举对于向紫禁城的文化遗产注入更新的动力、加深文创产品的深层次内涵以及不断激发传统文化的创新发展都具有积极影响。

4. 摒弃崇洋媚外的商业模式

现今,日益增多的顾客偏好选购与我国传统文化相关联的商品,这股趋势根植于民族的自尊心以及对中华民族传统文化的崇敬与钦佩,这种情感已深深融入我们血脉之中。紫禁城的文创工作室将古典文化与现代风貌相结合,让更多历史文物在当代焕发活力,同时激发了国人内在的民族自豪感。随着中国人的价值观转变,人们对于消费的需求点也随之改变,由于大众越发注重本土文化并逐渐摒弃盲目崇拜外来文化的态度,故宫的文创产业能赢得市场的青睐乃是顺理成章之事。

在文创产品开拓过程中,负责人依据时代趋势对目标消费者进行重新划分,并专注于市场的纵向细分区域,将目标消费者从以60、70后为主转换为以90、00后为主。借助先进的大数据、云技术等网络新兴技术,精确把握网络社交媒体上年轻一代的消费习性和偏好,实施相应的电子商务营销战略,成功打入市场。利用网络平台的力量,通过跨媒体的营销手法,吸引众多消费者,并借助微信、微博、Bilibili等流行社交平台与消费者建立交流与互动,彻底刷新了大家对故宫古板肃穆的印象。风趣而迷人的介绍方式和互动沟通,逐步构建一个生动活泼的故宫新形象,缩短了民众心中古今之间的时空差距,激起了人们对于故宫更新换代形象的探究兴趣。北京故宫文创产品的流行,既是对古典文化遗产的传承与演进,同样也是互联网媒介迅猛扩张的一种成绩体现。文创产品的策划和运营创新让传统文化在现代社会中得到了重生。北京故宫的文创事业成果,对其他的文化产品和创意产业也具有启迪作用和指导价值。

1.3 传统文创产品开发策略要求与模式

1. 传统文创产品开发策略要求

(1)在认识到传统文化财富的层次上,需要明白将文化遗产有序集成乃开拓传统文化创新产品的根本,这象征着文创始发之点、文化特质凝练之源及文化品牌打造之基。若文化观念与资源分散且不系统,便难以提炼出独特的文化风采,设计创意便显得支离破碎,无法表现传统文化精神,进而使得文创产品缺乏活力。以故宫的文创产品为例,它们的成功源于对其数以百万计藏品的详尽集成,对不同类别、项目及个别藏品进行深入剖析与设计。文化遗产集成过程应全面而系统,搜集与构建文化资源库,以确保源源不断的创意灵感,继而精炼文化特质,开展内容创新,并根据不同文化特色深入挖掘产品开发的多样化路径,赋予每一件产品独有的韵味与价值。

(2)在策划市场走向时,需要整合多方考量。以对文化资源的融合与精炼为依据,结合地理位置优势与产业构成进行考量,以便判断适合本地实际的文创产品市场走向。地理上,根据文化资源的可获取性及其影响力辐射,考察这些文化资源是否位于或毗邻具有较高消费水平、交通发达的经济繁盛地带,这将直接影响文创产品市场的定位与规模。地区产业布局的特点,尤其是以工业、制造业为主导的旅游产业,将对当地传统文创产品的发展路径产生重要影响。这将决定这些产品是更多地满足本地消费需求,还是更倾向于服务旅游市场，抑或是专注于文创产品的生产和出口。以达州为例，其文创产品的开发应重点考虑向西南市场扩展，并以制造业为主要的发展方向，特别是围绕巴文化的特色进行深度挖掘和创新。

（3）在开发阶段，务必聚焦于两大核心要点。首先，一个文创产品之所以独树一帜且吸引眼球，关键在于其内蕴的原创和富有吸引力的文化元素，这是其与其他文化产品的显著差异。缺乏这些元素，文创产品便会蜕变成普通的商品，从而丧失其独有的市场价值；若这些元素缺失创意且大同小异，其产品最终必然会被市场抛弃，由于同质化问题而无法立足。进一步而言，产品创新和功能优化应始终以满足目标用户群体的需求为出发点，以适应他们日益变化的生活需求，并确保产品实用性的持续提升。同时，我们不能忽略产品在文化层面的深度挖掘和对传统文化的传承。文创产品之所以能够受到消费者的普遍青睐，是因为它们不仅具有与日常生活紧密相关的实用性，还能在使用过程中传递并让消费者体验传统文化的精髓。文创产品开发时需要不断探索丰富多彩的文化表现手法，而绝不应牺牲文化价值来迎合大众化的趋势或市场需求。坚持产品文化价值的高度，同样展现了对中华民族传统文化的敬意。

（4）在商业市场的运作中，实现品牌信息的广泛传播需要依托多样的媒介平台，而产品的推广则需要通过各种销售渠道。在品牌文化初步推广时期，重要的是关注本土化的全方位媒体宣传力度。对于那些尚处于待挖掘状态的文化资产，若品牌影响力较弱或尚未建立，其影响范围往往局限于文化资产所处的地域及其周边地区。这种情况下应以文化资产所在地为传播中心，实施跨媒介的宣传策略。运用当地各种宣传渠道的联动效应，营造出一种媒体生态环境，通过传统媒介、网络推广、展览等多元化方式，打造传统文化氛围，加强文化的社会黏合力和文化吸引力，最终塑造出具有特色的品牌形象。而关于产品的推广，则不仅要依赖于该区域旅游点的资源，更应融入当地的日常生活市场，满足消费者日用生活需求的同时，传达文化理念。随着品牌影响力的逐步扩大，电子商务平台应成为满足其他地区市场需求的重要渠道。此外，新媒体的社交化营销策略应充分利用其作为文化传播的渠道和实现流量变现的营销途径。以丰富多元的文化内容为核心，吸引并维系受众群体，同时在提供深度文化体验的过程中，巧妙地引导消费者购买相关产品。商场互动流程涵盖了市场的信息前瞻与回响。在产品构思阶段，深入研究潜在客群与市场态势，依据顾客的需求以及同品牌竞品现状，为产品研发提供方向。产品上市之后，根据消费者的接受程度及市场评价，对产品的生产规模进行扩张或对设计方案进行优化调整。这类回响主要是针对研发过程中三个关键阶段的高效的商场交流机制，有助于精准掌握市场动向与消费者需求，为文创产品的不断革新打下坚实基础。

2. 传统文创产品开发模式

传统文创产品的打造大体可以划分成五个主要阶段：①融合文化资产，明确发展策略；②设计产品，融入文化元素与创新理念；③创造产品；④管理市场，涵盖产品销售与文化品牌宣传；⑤进行市场调研，利用反馈优化生产流程。这个过程不是单一方向的直线发展，而是一个包含开放性反馈的循环系统，我们将其命名为"三重反馈循环模式"（图1-3-1）。

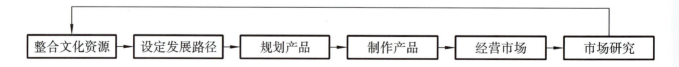

图1-3-1　三重反馈循环模式

该模式能够提供一种典型的架构，指导传统文化主题的文化创意商品化进程。首先，传统文化元素的挖掘途径要综合文化资产整合和对该地域特性的剖析来共同决定；在商品筹划过程中，确立品牌形象是基本条件，要围绕品牌定位与文化特征构建创意内容，并据此生产相关商品；至于市场的操作，也需要从品牌宣传和商品销售两大方面着手。对于那些文化吸引力不足的资源，应首先集中精力于销售策略，通过产品设计来引领市场，让消费者在使用产品时感受到文化元素，逐步认同其文化价值，进而增强品牌的吸引力。对于已经建立起较高品牌影响力的文化资产，需要利用这种品牌效应来激发消费者的购买欲望。市场反馈对于这一战略至关重要，因为商品的更新换代和消费者需求的变化要求文创产品的开发必须紧跟市场趋势，不断创新。

在最初的开发阶段，通过初步试错来确保开发方向的合理性。随后，通过推出部分产品来测试消费者对设计创意的满意度，并据此进行设计优化。最终，通过市场对文化品牌和产品销售的广泛反馈，来调整和优化运营策略。

文创产品之核心乃文化精神所系，其成败系依创新之想法，其价值在于对文化传承的保护，盈余之所得乃商业活动之果。文化创意之探究宜超越笼统的理念性讨论，转而重视落实阶段的策略部署与实施指引。尽管本书所提出的战略框架或有不完善之处，但期望能促进更广泛的讨论与反思。作为中华文明珍贵的传承对象，传统文化所蕴涵的厚重底蕴与人文情怀成为文化创意开发的源泉。观察传统文化近期所显示的强盛活力，我们坚信它在文化创意行业的发展进程中亦将释放新的活力。

1.4 国内文创产品的创新管理对策

1. 文创品牌必须实现创新和差异化

当前市场上的文创产品种类相对有限，其表现形式也较为单一，这导致它们难以在市场上形成鲜明的特色。我们可以从迪士尼的成功经验中汲取灵感。迪士尼通过其根植于美国文化精神的故事人物、引人入胜的情节发展和连贯丰富的细节，成功地将文化产品转化为一种精神层面的消费体验。同样，我们也应该深入挖掘中国文化的丰富内涵，讲好每一个故事，并通过有效的宣传手段，使这些故事成为产品开发的核心，从而在市场中建立独特的品牌形象。

作为四大文明古国之一的中国，承载着深厚的文化积淀。位居国内文创领域前沿的三星堆博物馆最新推出的以川蜀麻将为主题的文创产品迅速走红。四位风格迥异的古代铜雕小人，围坐在一张古色古香的桌旁，玩起了麻将，其形象既栩栩如生又充满魅力，展现出浓郁的四川地方风情。这款产品因其独特的地域特色，深受网友和游客的喜爱，迅速在市场中获得了人气。在设计上，这款文创产品不仅富有故事性，而且通过角色的安排，如戴冠青铜大立人、戴发簪金面人像、象鼻冠立人像以及铜戴冠纵目面具，巧妙地体现了不同身份地位。这些设计细节表明，三星堆博物馆的产品开发已经超越了对文物本身的简单复制，而是更加注重文创产品的探索性和趣味性，让游客在体验中能够感受到更多的未知乐趣（图1-4-1）。

图1-4-1 川蜀麻将文创产品

2. 提升文创品牌的声誉和知名度

当前，如何使我国的文创品牌脱离特定圈子的限制，成为大众熟知、接受并喜爱的受欢迎品牌，是一个亟待解决的问题。我们可以从迪士尼的传播策略中汲取经验，通过整合资源，在主流媒体平台上进行有效的线上推广，同时与衣食住行等日常生活品牌进行联名合作，加强线下的传播力度。此外，在社交媒体上发起话题挑战、邀请专业达人参与活动宣传，以及与知名企业合作开发联名产品，可以有效地将文化资源转化为具有市场价值的文化资本，从而提升文创品牌的社会影响力和市场竞争力。

故宫博物院推出了各色活动——包括珍贵文物上的图章印记、身临其境的历史追踪、原创文化制作的亲手体验、盛行的故宫文化创意盲盒和影像纪录等，尤为突出的是2020年面世的系列纪录片《此画怎讲》。该片令屏上人物仿佛生动起舞，并与当代社会话题及娱乐动态结合，激发了观众的情感共鸣。以《捣练图》的解说为例（图1-4-2），图中描绘的捣衣佣人肩负着全部的体力活，而且由于对光照要求不高，唐朝时期的她们大多被分配在夜晚劳作，时至今日相当于"夜班工作"，任务既烦琐又单调。对这样的劳碌，佣人们积累了不少对职场的吐槽。制作组从年轻群体普遍关心的"职场"主题入手，在展开对岗位不满的同时，娓娓叙述了《捣练图》的三个不同劳动场景，以此增添了观众对作品的理解及情感上的认同。

3. 构建文创产品产业生态链

当前我国文创产品产业领域中，各环节之间的联动性不强，还未能形成协同增效的局面。参照迪士尼的成功经验，即"连环收益"策略，国内相关产品的研发机构应提升技术的研发力度，在追求即时利益的同时，更应重视长远的回报；并且需要整合产品开发、市场投放、消费者反馈及产品迭代更新的过程。为了提升客户体验和服务质量，经营者应致力于从单一的视觉享受扩展至全面的感官体验。从消费者踏入消费区的那一刻起，就应依据他们的心理特征，精心设计引导体验的流程，确保服务的每一个细节都紧密相连，形成无缝的体验链。

图 1-4-2 《此画怎讲》纪录片让文物活化

在全球化不断深化的今天,要增强国家文化的全球影响力,必须构建一个全方位、多层次的文化软实力发展框架。为了推动文化产业的创新发展,我们应吸取国内外优秀品牌的管理与营销经验,深入挖掘中国文化的精髓,生动地讲述中国故事,打造具有中国特色的文化品牌。

故宫的神秘文物、传奇的神话故事以及古色街巷中的人义气息,都是文创产品开发的宝贵源泉。通过借鉴迪士尼品牌在文创营销方面的成功经验,对从管理开发到运营销售的各个环节进行深入分析,并提出创新的设计策略,我们有理由相信,我国的文创管理产业将迎来更加繁荣的发展。

课后思考

1. 如何将项目管理理论有效地应用到具体的文创设计项目中?请结合实际案例进行分析。
2. 在组建文创设计团队时,如何合理分配团队成员的角色和职责,以确保项目的高效运作?
3. 在文创项目的规划与控制过程中,如何制定详细的项目计划,并在执行过程中进行有效的监控和调整?
4. 面对文创项目中的各种风险,如何识别、评估和应对这些风险,以确保项目的顺利进行?请列举几种常用的风险管理工具和技术。

Shijue Wen-chuang Sheji

第二章
文创产品受众行为分析与用户画像

内容概述

本章探讨了文创产品的受众行为和用户画像。通过详细解析消费者的购买行为，了解他们的消费动因、需求和喜好，为产品定价、销售渠道选择及推广策略提供参考。在心理学与社会学视角下，本章还研究了个体驱动力、认知过程、情绪倾向及性格特质，以及社会阶层和家庭构成等因素对购物行为的影响，从而帮助市场营销人员更准确地把握消费者的内心世界及其行为模式。

学习目标

（1）深入了解文创产品受众的购买行为，分析消费者的消费动因、需求和喜好，为产品定价和推广策略提供依据。

（2）掌握用户画像的构建方法，从心理学与社会学视角研究个体驱动力、认知过程、情绪倾向及性格特质对购买行为的影响。

（3）学习通过头脑风暴激发团队创意，明确市场定位，分析目标用户需求和偏好，以确保文创产品在市场中的竞争力。

学习难点

学习难点在于深入洞察市场，解析目标消费者的购买行为。学生需要理解消费者的消费动因、需求以及喜好，并通过心理学和社会学视角研究个体和集体的购置行径。

2.1 文创产品受众行为分析

对于文创产品而言，深入洞察市场的核心在于解析目标消费者的购买行为。要实现有效的市场推广，关键在于确保产品能够满足目标受众的期待。这便涉及对潜在客户的消费动因、需求以及喜好的透彻理解和探究，这样的市场洞察能够为制定产品的定价、选择销售渠道及促销策略等营销组合提供指导性信息。

2.1.1 文创产品目标群体行为研究的核心议题

通过心理学视角研究个体的驱动力、感知、认知过程、情绪倾向和性格特质，助力市场营销专业人员掌握消费者内在的购物心态及其对消费行为产生的作用。

探讨社会阶层、家族构成及相关集体如何影响消费者的购置行径，这是基于社会视角的分析。

采用传媒学的视角审视消费者搜集商品资讯的方式、信息获取的途径，并针对消费者对商品推广的响应等方面进行探讨。

采用经济学视角探讨买家的经济条件如何作用于其选购商品、消费支出及做出购置抉择，旨在实现其满足度的最大化。

通过人类文化学视角考察并剖析人的传统习俗、价值理念、宗教信仰及习惯行为对消费者购买模式的作用。

2.1.2 文创产品市场和目标消费者购置行径考察

文创产品的销售领域亦被视作终端文化消费市场。该市场的消费者为众多对文化有兴趣的群体，他们购置这些商品主要是为了丰富文化生活，而非追求商业利益。消费这类商品的人群性质，塑造了这一市场的独有属性。

①销售潜力巨大，消费者群体通常比较密集，比如博物馆（图2-1-1、图2-1-2）和旅游名胜等地。

②市场对需求的反应度相对较高，文化创意产业涵盖了众多不同类型的商品，对目标消费者群体进行了高、中、低三个层次的细致划分。

③文创产品的消费者普遍拥有相当程度的文化素养。

④消费者在选购商品时会重视感情与形象，因而他们在购买时所做出的选择往往会受到文化、情境、空间和服务等推广策略的影响。

⑤除了部分上乘且耐用的文创产品，通常不需要提供技术支持。

图2-1-1 故宫博物院——"紫禁·新春"徽章

图2-1-2 上海博物馆文创产品

文创产品的目标受众行为分析包含了对于消费者的购买行为、审美倾向、文化消费需求，以及在社交媒体盛行时代中的各类营销策略等多个层面的仔细探讨。

1. 消费者的购买行为、审美倾向、文化消费需求

文创产品领域中，消费者画像构建方面的研究显示，消费者的需求并不局限于对产品基本实用性功能的需要，还包括对深厚文化内涵的追寻以及个性化需求得到充分满足等方面。此外，消费者的强烈购买意愿本身受到了享受性价值、实用性价值和积极销售行为的显著影响，其中消费者的高满意度扮演了一个完全中介的关键角色。

依托于CVPA理论的详尽研究显示，具备不同审美能力的消费者群体对于文创产品中各种审美因素有着截然不同的反应和购买欲望。这一点清楚地表明，在充满创意的文创产品设计领域中，考虑到目标消费者群体的细腻审美偏好显得极为关键。

同时，针对青年群体在文创产品的属性认知及其偏好关系方面的研究表明，年龄段、专业背景以及消费能力水平不同的各类人士，在对这些富有创意的文创产品的喜爱程度上展现出了显著差异。随着社会经济的稳健发展和民众生活水平的显著提高，广大人民群众对于日常生活品质的追求也日益提高。在这样的背景下，形式多样、内容丰富的文创产品作为一种独特而多元的物质载体，不仅极大地满足了人们对于美好物质生活的向往与需求，同时也在相当程度上满足了他们深层次的精神追求和需求。因此，深入理解并充分满足消费者的多样化文化消费需求对于文创产品市场的成功发展至关重要。

2. 社交媒体时代的营销策略

在社交媒体时代下，文创产品的营销策略需要随着消费者特征的变化而变化。成功的文创产品营销策略应深入分析消费者特征，并提供新的见解与思路。此外，艺术融入产品的潜在消费者价值识别研究强调了功能性、享乐性和象征性价值的重要性，为市场营销人员提供了针对目标消费者价值的应用建议。

文创产品的目标受众行为分析要求设计师和营销专业人士必须深刻地理解消费者的具体需求、个性化的审美倾向、多样化的文化消费需求以及在社交媒体时代中的现代营销策略。通过特定的、精心规划的设计和深思熟虑的营销策略，我们能够更有效地满足消费者各种多样化、丰富多彩的需求，从而显著提升文创产品在激烈市场中的竞争力。

2.1.3　文创产品受众购买行为模式

文创产品受众购买行为模式示意图见图 2-1-3。

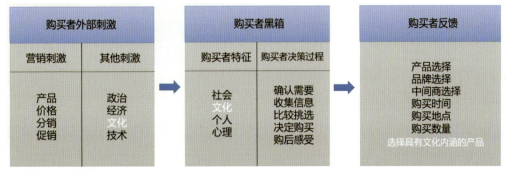

图 2-1-3　文创产品受众购买行为模式示意图

2.1.4　影响文创产品受众购买行为的因素

消费者的采购决策依赖于他们的需求与渴望，而这些需求与渴望连同消费者的消费习惯和决策受到了众多因素的影响，既有消费者自身的内部要素，诸如个性属性和心理动机，同样也不乏外部要素，如文化背景、社会影响等。此类因素通常超出营销专业人士的操控范畴。尽管如此，在市场策略中仍需要对其予以重视和考量。

（1）文创产品受众个体特征。

消费者的一些属性，尤其是年龄、经济状况、从业情况、生活习惯以及性格等，能够对其购物习惯施加作用，商家应当对此予以足够的关注。

（2）文创产品受众的心理因素。

根据马斯洛的需求层次理论（图2-1-4），消费者的心理因素主要涉及中、高级阶段的需求，如社交需求、尊重需求、自我需求。

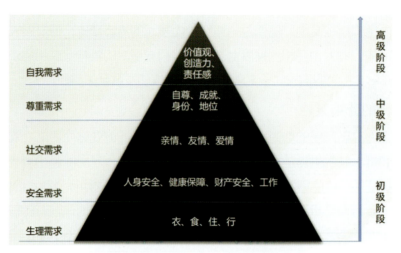

图2-1-4　马斯洛的需求层次理论

（3）对目标群体造成影响的文化要素。

①次文化群体因素。此类集体涵盖了诸如民族、信仰、人种以及特定地理分布的群体。

②社会等级。社会的各个等级因其固有的一致性和稳定性而有所区分，每个等级内的个体普遍具备相似的兴趣、价值观念和行动模式。

（4）社会因素。

相关集体构成了能对人们的看法、举止和价值标准产生直接或者潜在影响的社会团体。

2.1.5　文创产品的消费者购置决策流程

1. 文创产品消费者购置行为的程序

文创产品消费者购置行为的程序（图2-1-5）涉及问题识别阶段、资料搜集阶段、方案考量阶段、购置决断阶段以及购物后评估阶段。

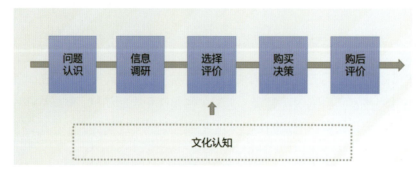

图2-1-5　文创产品消费者购置行为的程序

2. 文创产品消费者购置行为的精神历程

文创产品消费者购置行为的精神历程（图2-1-6）涵盖了认识过程、情绪过程、意志过程等。

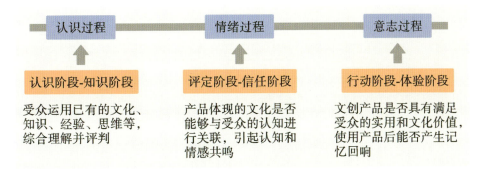

图 2-1-6　文创产品消费者购置行为的精神历程

2.2　文创产品用户画像

文创产品的目标消费者特征刻画应坚守三大规则，即以人群统计特征与资料为核心，重视与产品紧密关联的信息，并以定性分析数据为主导。

制作用户画像时需要立足于实际应用效果，可将涉及的用户资料按照五种不同的维度进行归类，具体包括人口学特征、信誉情况、购物偏好、兴趣点及社交行为特点。

用户画像制作中需要注意的问题如下。

①要建立在真实的数据之上。

②多个客户群像并存时，须慎重评定各自的先后次序，因为针对若干群像同时制定产品方案，常常会引起需求间的矛盾。

③随着研究的逐步深化，逐渐形成的用户象限应处于持续的调整过程中，对用户的划分应愈发明确与精确。

用户画像分析示意图见图2-2-1，用户画像分析示例表见表2-2-1。

图 2-2-1　用户画像分析示意图

表 2-2-1　用户画像分析示例表

维　度	描　述
年龄	90 后和 00 后是主要消费群体，占比超过 50%
性别	以女性消费者为主，占比为 63.2%
地域	主要居住在一线、新一线、二线城市
兴趣偏好	对文化、艺术和创意有浓厚兴趣
产品偏好	偏好轻型文创产品，如美食、饰品、文具
设计偏好	重视品质、设计和趣味、历史感、美感和品位
消费行为	购买频次主要为一月一次，价格接受区间多为 51～300 元
经济状况	愿意为高创意附加值的文创产品支付更高的价格
心理特征	对传统文化有深厚的兴趣，随着国潮、国货的兴起，文化自信增强
技术接受度	对结合了 VR、AR、AI 等技术的文创产品表现出兴趣
信息获取渠道	电商平台是主流购买渠道，视频平台如 B 站、抖音等也是信息获取渠道
收集习惯	超 9 成消费者有收集文创产品的习惯，追求个性化和独特性
国潮元素	国潮风格是新春礼盒消费者选择最多的产品元素，占比为 62.2%

　　文创产品用户画像的构建需要综合考虑消费者的行为能力、目的动机、态度意识以及个性化需求等多个维度。通过采用不同的研究方法和理论框架，结合实际案例分析，可以形成更加精准和全面的用户画像，从而为文创产品的设计和营销提供有力的支持。

2.2.1　文创产品消费者行为分析的理论框架

　　文创产品消费者行为分析的理论框架包括 S—O—R 模型的应用与扩展、CVPA 理论与审美反应、情境映射理论、感质理论、理性行为理论与计划行为理论等。这些理论框架为理解和预测文创产品的消费者行为提供了多维度的视角和工具。

　　（1）S—O—R 模型的应用与扩展。S—O—R（刺激—有机体—反应）模型是分析消费者行为的一个经典理论框架，它通过分析外部刺激、消费者的内部状态以及最终的行为反应之间的关系来解释消费者的行为。在文创产品研究的背景下，S—O—R 模型被用于探讨非遗文创产品及博物馆文创产品的消费者购买意愿。相关研究表明，通过理解消费者对文创产品的质量、价格、文化教育特性和创新性的感知，可以更好地预测其购买意愿。

　　（2）CVPA 理论与审美反应。产品视觉审美中心度（CVPA）理论是另一个重要的理论框架，它关注产品设计中的审美因素如何影响消费者的审美反应和购买意愿。通过对不同 CVPA 水平的消费者进行分类研究，可以更精确地定位文创产品的设计，以满足不同消费者群体的需求。

　　（3）情境映射理论。情境映射理论强调了情境在消费者购买行为中的重要性。通过构建特定的情境，可以提升消费者的互动体验感，从而促进消费行为的产生。这一理论框架为文创产品新零售服务设计提供了新的视角，强调了通过特色提取和场景设置来营造特定情境的重要性。

（4）感质理论。感质理论关注产品设计中如何捕捉和传递用户的情感体验。它将体验分为感官、行为、情感和反思四个层次，并提出了相应的设计方法和流程。这一理论框架有助于设计师更准确地理解消费者的情感需求，设计出能够触动消费者内心的产品。

（5）理性行为理论与计划行为理论。理性行为理论（TRA）与计划行为理论（TPB）被用于分析博物馆文化创意产品的感知价值对用户满意度及购买意向的影响。这些理论框架强调了感知价值和用户满意度在形成消费者购买意愿中的作用，为文创产品开发提供了重要的指导。

2.2.2　基于用户体验的文创产品设计

在分析消费者购买行为的基础上，我们可以将文创产品的潜在买家划分为多种不同的细分市场。通过构建基于购买行为的消费者分类和画像，文创行业的专业人士能够更深入地洞察客户的心理动机，明确不同消费群体的特征，并及时捕捉市场的最新需求。此外，通过分析用户的行为意图，并将其与用户的角色特征相结合，可以对文创产品的设计进行精准优化，以满足不同用户的个性化需求。

内蒙古博物院文创产品设计（图2-2-2）从用户体验的角度出发，采用一种基于用户体验的设计方法，通过实地调研与访谈整理设计现状，并运用模型了解用户对现有文创产品的态度，基于用户画像将用户对文创产品的描述转化为设计要求。这种方法有助于实现用户与文化深层次的情感共鸣，设计出传递博物院文化内涵与价值的文创产品。

图2-2-2　内蒙古博物院文创产品设计

1. 服务蓝图

服务蓝图在文创产品设计中的应用体现在构建一个以用户体验为中心的人机系统模型，并通过服务蓝图来明确用户、文创产品和文化环境之间的相互作用。这种方法有助于我们识别并优化用户的文化体验层面，找出用户与文化元素接触的关键时刻。以土家织锦文创产品为例，我们细致地梳理和提升用户体验设计的关键点，最终通过土家织锦文化服务网站这一平台，实现了以提升文化体验为目标的用户体验设计输出。

2. 五感体验设计理念

五感体验设计理念在文创产品设计中的应用：通过探索基于视觉、听觉、嗅觉、触觉和味觉的设计要素，提出了一系列创新的设计策略，如沉浸式品味唤醒感知、互动式参与触发情感和体验式感受引发联想（表2-2-2）。

表2-2-2 五感体验设计理念的应用

感类型	设计要素	应用策略	案例分析	用户体验提升
视觉	色彩、形状、图案	沉浸式品味唤醒感知	利用色彩心理学和视觉艺术设计吸引用户注意力	增强视觉吸引力，提升审美体验
听觉	声音、节奏	互动式参与触发情感	通过声音设计增强产品的互动性和情感联系	营造氛围，加深情感体验
嗅觉	香味、气味	体验式感受引发联想	设计带有特定香味的产品，唤起记忆和情感	通过气味增强记忆联想，提升感官体验
触觉	材质、温度	通过触觉反馈增强体验	选择适合的材质和温度，提供舒适的触觉感受	增加实体互动，提升触觉满意度
味觉	味道、口感	结合味觉元素创新设计	开发可以品尝的文创产品或与食品结合的产品	创新体验，提供独特的味觉享受

3. 叙事设计

叙事设计在文创产品中的应用：通过分析文创产品的外显层面、行为层面、内隐层面设计属性，结合"境"之美学体验分类，总结出文创产品用户体验的三个层次（物境体验、情境体验、意境体验）。

（1）物境体验——直观的感官享受。

物境体验注重的是产品在外显层面的设计，即产品的形态、颜色、材质等直观属性。这一层次的体验主要通过视觉、触觉等感官刺激来实现。例如，故宫博物院推出的以故宫建筑元素为灵感设计的家居用品和饰品，让用户在家中就能感受到古典与现代结合的美学韵味。

（2）情境体验——用户的行为互动。

情境体验强调的是用户与产品互动的过程，即产品在行为层面的设计。通过与产品的互动，用户能够体会到产品背后所蕴含的情感与故事。例如，敦煌文化推出的互动AR文创产品，通过增强现实技术让用户在实际场景中体验敦煌壁画的动态故事，不仅增加了用户与产品的互动深度，还提升了用户对敦煌文化的情感认同。

（3）意境体验——深层次的文化感悟。

意境体验关注的是产品所传达的深层次文化价值，即产品在内隐层面的设计。通过这些设计，用户能够感受到产品背后所蕴含的历史背景、文化内涵和精神价值。例如，日本的无印良品（MUJI）不仅在产品设计上注重极简美学，更通过产品所传达的生活理念和精神内涵，让用户在使用产品的过程中体会到一种简约而深邃的生活哲学。

利用各种设计理论和技术手段，基于用户体验来设计和开发文创产品，以提升用户的文化体验和满意度。

2.2.3 个性化定制文创产品市场需求分析

个性化定制文创产品的市场需求和消费者偏好趋势表现为多样化、个性化的需求日益增长。随着中国经济的发展和消费升级，消费者的基本消费需求得到满足后，开始追求更深层次的文化和精神需求，个性化和差异化的消费概念深入人心。这种趋势促使文创产品市场向个性化定制方向发展，以满足消费者对文化和精神层面的个性化需求。

技术的进步，如数字印刷技术和增材制造技术的应用，为个性化定制文创产品提供支持，使得小批量定制化生产成为可能。这些技术的发展不仅促进了个性化定制文创产品的生产，也推动了整个文创产业的发展。

此外，消费者行为心理的相关研究表明，提供个性化实用的产品已经成为企业进行个性化定制的市场营销策略制胜的法宝。这说明消费者对于个性化定制文创产品的需求不仅仅是物质层面的，更多的是情感和文化层面的。

在民族文创产品的个性化定制方面，基于用户意向的民族文创产品个性化定制方法能够充分满足不同用户的设计需求，体现了个性化定制在文化传承和创新设计中的重要性。

新经济时代下，个性化设计与小众化需求之间的关系进一步被强调。设计不仅仅是满足当前的消费需求，更重要的是挖掘潜在需求，从而引导并创造新的消费需求。这表明个性化定制文创产品的发展不仅需要关注当前的市场需求，还需要前瞻性地探索和创造新的市场需求。

技术进步、消费者行为心理的变化以及对文化传承和创新设计的重视，共同推动了个性化定制文创产品市场的发展。未来，个性化定制文创产品的发展将更加注重技术创新、市场需求的深入挖掘以及文化价值的传递和创新。

2.2.4 构建抖音平台文创产品消费群体画像

构建抖音平台文创产品消费群体画像的具体技术和步骤见表 2-2-3。

表 2-2-3 构建抖音平台文创产品消费群体画像的具体技术和步骤

阶 段	关键活动	描 述
数据收集与预处理	通过网络问卷、社交媒体工具收集数据	收集用户基本信息、消费行为、偏好等数据，进行清洗、去重、格式统一
特征提取与选择	确定用户画像的标签集合	选择与用户消费行为和偏好相关的特征，如年龄、性别、职业等
模型构建	使用机器学习和数据挖掘技术	利用聚类算法、关联规则挖掘算法、Stacking 模型等分析用户数据
用户画像模型的应用	应用于个性化推荐、精准营销	通过分析用户消费行为，提高营销效率
持续优化与迭代	定期更新和优化用户画像模型	重新收集数据、调整特征标签、改进模型算法
深入分析与策略制定	探讨用户行为特征与动机需求	结合文创产品特点，制定营销策略，以促进销售

（1）数据收集与预处理：需要通过网络问卷调查、社交媒体分析工具等手段收集用户的基本信息、消费行为、偏好等数据。这一步骤是构建用户画像的基础，涉及数据的清洗、去重、格式统一等预处理工作。

（2）特征提取与选择：根据用户的消费行为和偏好，确定用户画像的标签集合。这些标签包括但不限于年龄、性别、职业、教育背景、兴趣爱好、消费能力等。特征的选择应基于对用户消费行为的深入分析，以及对市场趋势的理解。

（3）模型构建：采用机器学习和数据挖掘技术，如聚类算法、关联规则挖掘算法、Stacking 模型等，对用户数据进行分析，以识别不同用户群体的特征和消费行为模式。例如，可以使用高斯混合模型来完成具有相同消费能力的用户聚类，并采用单维和多维关联规则相结合的方法对用户的消费行业进行关联规则挖掘。

（4）用户画像模型的应用：将构建好的用户画像模型应用于实际的营销策略中，如个性化推荐、精准营销等。通过对用户消费行为的分析，企业可以更准确地定位目标消费群体，从而提高营销效率。

（5）持续优化与迭代：用户画像不是一成不变的，随着市场环境的变化和用户行为的演进，需要定期更新和优化用户画像模型。这可能涉及重新收集数据、调整特征标签、改进模型算法等步骤。

（6）深入分析与策略制定：基于用户画像模型的分析结果，进一步探讨用户的行为特征与动机需求，并结合文创产品的特点，制定相应的营销策略。例如，可以通过分析用户对特定类型文创产品的偏好，设计更具吸引力的内容或活动，以促进产品的销售。

构建抖音平台文创产品消费群体画像的过程是一个系统性的工程，需要综合运用数据分析、机器学习、市场研究等多种技术和方法。通过精准地识别和理解目标消费群体，企业可以更有效地开展市场营销活动，提升品牌影响力和销售业绩。

课后思考

1. 如何通过心理学视角分析文创产品目标消费者的驱动力、感知和认知过程，以制定更有效的市场推广策略？

2. 在研究文创产品受众行为时，社会阶层和家族构成对消费者购物行为有何影响？请结合具体案例进行说明。

3. 如何利用用户画像技术，准确描绘文创产品的目标用户群体，从而优化产品设计和营销策略？

4. 在文创产品市场推广中，如何根据消费者的需求和喜好调整产品的定价、销售渠道选择及促销策略？请举例说明。

Shijue Wen-chuang Sheji

第三章
文创产品开发中的头脑风暴

视觉文创设计

内容概述

本章主要探讨如何通过头脑风暴来激发团队创意，为文创产品开发提供多样化思路。同时，明确市场定位，分析目标用户需求和偏好，以确保产品占据有利市场位置。本章还强调了团队协作和多角度思考在创意过程中的重要性，为文创产品的成功开发奠定基础。

学习目标

（1）学习如何通过头脑风暴激发团队创意，为文创产品开发提供多样化的思路。

（2）掌握文创产品的市场定位方法，分析目标用户需求和偏好，以确保产品在激烈的市场竞争中脱颖而出。

（3）探讨在文创产品开发过程中，如何平衡设计师的原创理念与目标消费者的需求和喜好，确保设计的成功。

学习难点

学习难点在于如何进行有效的头脑风暴，确定文创产品的定位。学生需要掌握头脑风暴的技巧和方法，能够在团队中提出创新的想法，并通过讨论和筛选确定最具潜力的创意。这需要学生具备创造性思维和团队合作能力。

3.1 文创产品设计定位

创意商品的构思出发点是文化艺术造型规划的根本与先决条件。此过程罕见地将商业策略和市面需求进行批判性分析与融合，目的在于铺陈一条恰当的设计途径，确保其产品在潜在市场的激烈竞争中存活下来。设计的定位是设计师与目标消费者之间搭建的桥梁，其平衡所在是兼顾接收端用户的喜好和设计者本人的原创理念。为了捕捉设计目标的至佳结合点，需要以众多因素和核心要素为基础，从而开展定性与定量的评估，逆向推演以确定设计的方向。此种策略旨在梳理出设计目标的最佳适配点，而设计定位的根本宗旨则是确认一条合适的创意路线，它亦是衡量设计成败的重要准则。

在研究文创产品的用户群体时，我们可以根据观察、问卷调查和统计分析将消费者分为以下四类。

（1）家庭型消费人群。这类群体主要由儿童及其家庭成员组成，包括父母和可能的其他监护人，如祖父母。儿童是这一群体的主要消费者，他们对色彩鲜明、设计有趣的文创产品特别感兴趣。虽然这类消费者具有较强的购买意愿和分享欲望，但他们经济上依赖于监护人，最终的购买决策往往由成年人控制。因此，市场调查和产品设计时需要重点考虑监护人的意见和儿童的喜好。

（2）文化潮流爱好者。这类群体主要由青年人组成，他们倾向于购买带有强烈地域文化标签的文创产品。这些消费者通常不太关心成本，更重视产品的潮流性和独特性。他们通过文创产品来表达自己的文化自信和个性，喜欢那些能够反映国潮等文化元素的品牌。

（3）实用性主导的消费人群。这类消费者主要是经济独立的成年人，他们在追求文创产品的独特性和文化价值的同时，也非常看重产品的实用性。这些消费者希望文创产品不仅仅是装饰品，而且能够在日常生活中使用，同时具备教育和娱乐的功能。他们愿意投入时间和精力探索具有创新表达方式的文创产品，并乐于与他人分享自己的体验。

（4）礼品型消费人群。这类群体通常在购买文创产品时，更注重产品的包装、材料和外形设计。他们购买文创产品主要是为了送礼，因此产品的外观和质感是他们关注的重点。这类消费者在购买时可能不太关心产品的文化内涵，更多的是考虑礼品的接受度和表面的吸引力。

通过对这四类消费者的分析，我们可以更好地理解不同用户群体的需求和偏好，从而在产品设计和市场策略上做出更有针对性的调整。在打造文创产品时，初始步骤需要确认预期的消费者群体。所有营销活动必须精准定位这些潜在买家，若目标群体定位不精准，势必造成付出与回报不成正比的结果。清楚界定产品定位的消费人群细节（如性别、年龄层级、经济能力等）至关重要。

比如，在一位日本经济学者阐述的"喵星人经济学"中，"喵"的相关产品通常颇受欢迎。又如，一款星巴克的猫爪造型杯子一经网络店铺上架，其出人意料的受欢迎程度使得原标价199元的商品被炒到了超过1000元的天价。星巴克利用爱猫人士的文化诉求捕捉了都市年轻职场人的心。

3.2 文创产品价格定位

产品定价策略旨在为商品设定一个价格范畴，以便在消费者心目中形成一定的价格层次印象。

消费者普遍将价格视为一种交换手段，他们支付货币以换取商品、服务或感知到的价值。企业在选择消费者时尤为谨慎，倾向于吸引那些愿意为所爱品牌支付较高价格的消费者，并努力将其培养为忠实客户。当消费者认为商品定价合理时，这通常预示着他们购买意愿的产生。普遍观点认为，价格不仅决定了消费者对品牌的忠诚度，而且还会影响他们支付更高价格的意愿。在交易过程中，价格不仅仅是货币的转移，它还承担着资源重新分配和信息传递的功能。消费者通过价格来判断商品的质量，认为价格高通常意味着品质上乘。董军指出，价格不仅是消费者购买商品时支付的货币量，也是商品质量的体现。然而，如果商品定价过高，消费者感到需要支付更多资金，这可能会降低他们的购买热情，从而减少他们愿意支付的额外费用。

3.3 文创产品功能定位

文创产品的核心目标是深度挖掘和呈现其内在文化价值，它以现代审美与实用性相结合的设计，既满足了日常使用的功能性，又在无形中传播了独特的文化标识并激发情感共鸣。该定位不仅着眼于满足用户的实质需求，还赋予产品深远的文化内涵和精神价值，使其有效承载和传播文化，扮演着至关重要的角色。

在文创产品的开发过程中，设计师应充分考虑产品所蕴含的深层文化价值，并与当代审美观念相结合，以满足市场的广泛需求。产品不仅要具有创新性和独特性，还要具备实用性，确保消费者在使用时能够体验到文化的独特风味。苏州博物馆（以下简称苏博）李喆老师向大众分享了他们的文创产品设计策略。李老师指出，在设计文创产品前，苏博文创部门会进行细致的市场分析，对目标用户群体进行分类，以便推出既经济实惠又具有高端价值的产品线。苏博文创部门的产品范围广泛，包括文具、服装、鞋履和丝巾等，同时也根据季节或特别展览推出食品和 DIY 手工制品。

创意工作者们采纳了多策略的创新途径，从共同的文化源泉中获得创意，创作出一系列多样化的产品。例如，他们借鉴了吴门画派独特的艺术风格，开发了一系列超过 40 种的文创产品，这些产品覆盖了文具、日常用品、服装以及鞋包等多个领域。这种策略有效地延长了产品的市场寿命，并且极大地丰富了消费者的选择范围。在材料选择上，创意工作者们偏好使用金属、原木等材质坚固的材料，以便于携带并减少在运输过程中的损坏风险，而不是选择陶瓷和玻璃等易碎材料。

设计产品的制作与人类生活紧密相联，不仅需要满足人们的物质需求，还要满足审美追求。通过回顾历史来审视当下，早期工具造型的演变清晰地展示了设计艺术的两大基本原则——功能性与美学价值，其中功能性通常被视为优先考虑因素。从苏博文创产品的实用性设计原则可以看出"制具尚用"的设计理念。无论是在精神层面还是物质层面，器物的存在都是为了服务于人类的功能需求，这也表明设计的核心目的是解决社会问题，提升生活质量。

产品的使用价值对各类消费者而言意义各异，导致具有特定消费利益取向的群体的形成。商家需要根据这些差异性群体的兴趣点尽可能地迎合以追求市场利润的最大化，以此获得较高的市场占有率。相关文创产品及项目示例见图 3-3-1～图 3-3-3。

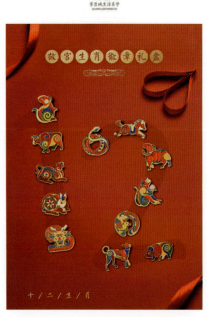

图 3-3-1　故宫生肖徽章礼盒 1

图 3-3-2　故宫生肖徽章礼盒 2

图 3-3-3　世茂和故宫四城文创快闪项目

3.4　文创产品质量定位

通过突出产品的优越品质来进行商品定位，即利用消费者对产品质量的感知去唤起他们的需求和购置冲动，进而在消费者心中确立该物品的形象。

消费者普遍将产品质量视为其内在特性和性能的体现，这种评价往往基于个人信念。普遍观点认为，感知质量具有主观性，它源自消费者的个人判断，并可能随着消费者的偏好而变化。因此，感知质量是基于消费者的个人体验构建的，这种评价可能存在局限性，并且由于消费者倾向于在多个选项中进行比较，其评估结果可能具有相对性和局限性。

消费者对商品品质的认知通常直接决定了他们对商品价值的评价，这种评价又进一步影响着他们的购买行为。众多学者已经对顾客的购买决策过程进行了深入研究，并发现认知品质与认知价值之间存在正向的联系。同时，认知价值也与顾客的购买倾向呈现出正向的互动关系。

课后思考

1. 在文创产品开发的头脑风暴过程中，如何有效激发团队成员的创意和灵感？请列举几种常用的头脑风暴技巧。

2. 如何确定文创产品的市场定位，以确保其在激烈的市场竞争中脱颖而出？请结合实际案例进行分析。

3. 在文创产品开发过程中，如何平衡设计师的原创理念与目标消费者的需求和喜好？

4. 如何通过定性与定量的评估方法，逆向推演确定文创产品的设计方向？请举例说明这些评估方法的应用。

Shijue Wen-chuang Sheji

第四章
文创产品设计的表现技巧

内容概述

本章详细探讨了文创产品设计的表现技巧，强调设计师在从概念设计到产品实现全过程中的关键步骤和方法。内容涵盖了设计核心理念的阐述、设计方案的深入探讨与剖析，以及图像设计、造型、尺寸、纹理和色彩的搭配与运用。通过运用多种传播工具，设计师能够有效地展示和传达设计构思，赢得企业和消费者的认同与支持。

学习目标

（1）掌握文创产品设计的核心理念，能够清晰地表达设计构思和理念。
（2）学习如何通过图像设计、造型、尺寸、纹理和色彩的搭配与运用，提升文创产品的视觉表现力。
（3）掌握运用多种传播工具展示和传达设计构思的技巧，以赢得企业和消费者的认同与支持。

学习难点

学习难点在于如何运用各种传播工具，阐述和展示设计想法与理念。学生需要掌握从概念阶段到产品具体实现的全流程，并能够通过视觉和文字等多种形式表达设计方案，以赢得企业与消费者的认同与支持。

4.1　文创产品设计构思和理念

设计师须致力于依照设计核心阐述其设计的想法与理念，亦需就设计方案深入探讨及剖析，确保从原初的概念阶段迈向产品具体实现的全流程得以顺利实施。在此历程中，设计师往往运用众多传播工具，对既定的构思与目标进行阐释与展现，目的是赢得企业与消费者的认同与支持。

自构思之始至作品终稿落成，需经过一连串精心的选择过程，涉及图像设计、造型、尺寸、纹理和色彩的搭配与运用。首先定下主旨，确立创作思路，随后依据这一构思的内涵及其想要传达的要点去搜寻、筛选、打磨、编排并绘制出符合要求的样式与视觉图像，以此为承载该理念的视觉媒介。

摘取其"貌相"，并非机械地仿制或复制，乃是对标识物的重新塑造。这一过程基于对原本含义的洞悉，借由现代审美理念对古旧样式中的某些部分进行创新与调整。经过精心挑选和应用，赋予其独特的时代风貌。相关文创产品示例见图4-1-1。

脊兽系列移动电源（图4-1-2）的创意源泉是充斥紫禁城的灵异兽形象，如太和殿屋顶排列的十种封建瑞兽最具特色。设计师们在众多造型中筛选并优化了寓意吉祥的龙、凤、獬豸三种形态，并将其与充电宝巧妙融合，打造出这款新颖的移动供电设备。

图 4-1-1　故宫宫廷文化——步步登高·小君杯

图 4-1-2　脊兽系列移动电源

"Money Is Power"储钱罐（图 4-1-3）能促使人群形成共鸣，使之充满文化与社会特质。

图 4-1-3　"Money Is Power"储钱罐

　　书法作品（图 4-1-4）中所包含的神韵与其所呈现的风貌和氛围，乃是体现作品整体精神内涵的因素。而要打造全新的艺术形态，则必须突破传统的具象限制，深入探讨作品的精神本质。

图 4-1-4　不同书法作品中字体的"势"

4.2　文创产品设计的表达

4.2.1　非遗元素的运用

非物质文化遗产（intangible cultural heritage, ICH）（简称非遗）为文创产品设计提供了丰富的素材和灵感。设计师可以深入挖掘和利用这些资源，以科学化的方法进行创新，从而提升产品的文化价值和艺术魅力，推动社会文化的繁荣。

（1）形态的重要性。产品的外观设计是消费者形成第一印象的关键因素，它直接影响产品是否能吸引消费者的注意。将非遗元素融入设计，需要首先考虑其形态特征。

（2）非遗元素的多样性。非遗元素的多样性和丰富性为设计提供了广泛的素材和灵感，使得设计思路多元化。

（3）实体化与虚拟化展现。非遗元素如泥人、腰鼓、秧歌、剪纸等，可以通过实体产品如手机壳、笔记本等体现，也可以通过虚拟形式如广告和平面设计作品展现。

（4）传统工艺与材料的延续。非遗中的手工刺绣等传统工艺是文化传承的重要部分，设计师应考虑如何将这些工艺和材料融入产品设计，保持其独特的文化温度和精致感。

（5）细部提炼与创新。在保持非遗文化核心价值的同时，可以对非遗元素进行艺术创新和修改，以适应不同产品的需求。

（6）材料与形式的创新。通过缩小非遗元素的尺寸或替换材料，同时保留其精髓，可以节约资源并便于消费者使用。

（7）图案与造型的提炼。可以提炼非遗中的图案和造型并将其巧妙地融入产品设计，如石榴和鱼等象征性图案，可以用于明信片、记事本等产品，传递对美好生活的向往。

（8）色彩的运用。非遗中常见的红色、黄色等鲜亮色彩可以用于提升文创产品的视觉张力，使其更加鲜明和生动。

通过以上这些方法，设计师可以有效地将非遗文化资源融入文创产品设计，创造出既具有传统韵味又符合现代审美的产品，从而促进文化的传承与发展。

从设计的深度和含义层面来看，非遗文创产品的设计不仅要求外观上的吸引力，还必须深入挖掘和表达文化的深层意义。这种设计方法不仅能够增强产品的艺术表现力，还是遵循非遗文创产品设计的科学方法。在设计非遗文创产品时，除了外表的美观，更不能忽视其背后的文化深度。设计师需要深入研究非遗项目的文化背景和历史重要性，对其关键元素和起源进行详细分析，通过更加深思熟虑的设计手法，使产品展现出独有的艺术特色。这种方法不仅帮助消费者更深入地理解和感受非遗的魅力，也为文创产品增值提供了新的视角。例如，昆曲作为一种具有丰富文化元素的传统艺术形式，包含了《牡丹亭》《西厢记》《桃花扇》等经典剧目，以及独特的乐器、服饰和妆容等元素。设计师可以从这些文化元素中提炼并进行艺术化的融合，甚至对其进行创新性的变形和重构，使得昆曲的文化特征与现代艺术标志巧妙融合，在传统与创新之间实现文化的提升。

从实用性角度分析，非遗文创产品的设计不仅追求美学，还强调功能性。在将非遗转化为创意商品的过程中，设计师需要考虑产品的实用功能，确保在保留艺术形态的同时，产品依然具有实际的使用价值。例如，在设计日常生活用品如文具、餐具、梳子等时，可以将非遗的文化符号和元素融入产品设计，不仅保持其美观和艺术价值，同时也强调其实用性，满足人们的日常需求。此外，体验型文创产品设计也是一个重要的方向，设计师应探索如何通过感官、行动和精神层面的交互，加强消费者与产品之间的文化链接，提升体验感和文化共鸣。

总的来说，非遗元素与文创产品设计的成功整合，对于保护和传播我国的非物质文化遗产具有深远的现实意义。设计师在实际工作中应从多维度、多层次深入研究这些文化资产，融合现代设计思维与创新方法，探索新的应用和展示途径，促进其向更广泛的群众基础和日常生活领域扩展。

4.2.2　平面作品表现风格

图形设计鲜明地呈现出平面性这一核心风格，在造型与布局的处理上均呈现此特质：一方面是形态的扁平化处理，另一方面是整体布局的平面化策略。平面艺术装饰的创作自由度极高，摆脱了各种束缚，不追求物象逼真的视觉效果，不再局限于时间和空间的概念，展现了绘画艺术在写实主义之外的无限可能。相关平面作品表现示例见图4-2-1～图4-2-3。

绘图艺术不仅有效增强了文本的表现力，还作为一种工具传递创作者的思想，营造情调和感情色彩或艺术境界。在文创产品中，这样的插图能专门表现某种文化元素与情境，并且能够承载创作者的个人情绪（图4-2-4）。

在探索直播销售的新趋势时，妙手回潮推出了一系列创新的全彩新年文创产品（图4-2-5）。传统对联设计往往采用单字模式，而此新款对联以对话框为主要文字呈现方式，强调当下社会每一个角色的心愿。

文创产品设计的表现技巧 第四章

图 4-2-1 汉瓦当

图 4-2-2 画像石

图 4-2-3 剪纸

图 4-2-4 插图设计风格

图 4-2-5 妙手回潮新年文创产品

　　三盒印话 – 非你莫"鼠"春礼以环保创新和资源再利用为设计理念，旨在通过巧妙的设计减少资源浪费（图 4-2-6）。设计者通过引导消费者对产品的再利用，减少不必要的产品生产。在这一过程中，产品的包装也被赋予了新的生命，不再是一次性的容器，而是经过 DIY 的有用的物品，从而避免了被丢弃的命运。

本系列产品线丰富，包装结构精巧，设计者在确保包装满足保护产品和便于携带的功能的同时，也注重其作为日历的实用性。

图 4-2-6　三盒印话 – 非你莫"鼠"春礼

4.2.3　漫画卡通风格

漫画和动画之所以吸引人，很大程度上靠的是其夸大与扭曲的独特手法。创作者在构思作品时，应将角色的外观、性格以及其他特质作为创意的基石。这样不仅能够塑造出超乎寻常的故事内容，还能营造出现实世界中从未有过的人物形态、场景与故事情节。

波普艺术作品的画面总是炫目多彩，并且巧妙地运用重复的布局手法来进行创作表达（图 4-2-7）。

波普敦煌文创设计者致力于保持并促进中国经典文化的传播，在此理念指导下，慎重选取了敦煌莫高窟的天顶壁画作为创意的源泉。在设计中，其特别选用了代表性的符号元素——九色鹿、琵琶、释迦牟尼，以及雄伟的神虎。设计者巧妙地将这些建构的视觉形象与当代波普艺术手法融合，由此制作出一套充满现代感的矢量级波普艺术插画作品（图 4-2-8）。

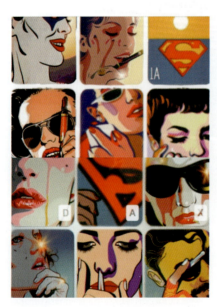

图 4-2-7　波普漫画　　　　　　　　图 4-2-8　波普敦煌文创设计

泡泡玛特（POP MART）是国内最受欢迎的盲盒品牌之一，其模仿日本扭蛋的玩法进行盲盒售卖，还跨界多 IP 联合，比如 Hello Kitty、蛋黄哥、迪士尼等。泡泡玛特是在 IP 形象本身的设计基础上开发上市的。换句话说，泡泡玛特带火的，可能也不止盲盒，还有后 IP 形象设计（图 4-2-9）。

图 4-2-9　泡泡玛特盲盒形象

4.2.4　独创性设计应用

独创性设计理念即设计者依据创作主旨，亲自创作或委托美术工作者进行图案设计。相关作品示例见图 4-2-10 ～图 4-2-12。

图 4-2-10　杰夫·昆斯创作的《气球狗》　　　图 4-2-11　UNIQLO 哆啦 A 梦 × 村上隆（太阳花）

图 4-2-12　草间弥生 × 路易威登

课后思考

1. 讨论在文创产品设计中，如何有效地将设计的核心理念通过视觉元素传达给目标受众。请结合本章内容，举例说明至少三种不同的视觉元素（如图像设计、造型、色彩等）如何协同工作以强化设计理念的传达。

2. 选择一个非遗元素，探讨如何将其融入现代文创产品设计，同时保持其文化价值和传统特色。描述自己的设计思路，并讨论在设计过程中可能遇到的挑战以及如何克服这些挑战。

3. 描述在文创产品设计中，设计师如何选择和应用不同的传播工具（如社交媒体、展览、产品包装等）来展示和传达设计构思。分析这些工具如何帮助设计师赢得企业和消费者的认同与支持。

4. 色彩在文创产品设计中扮演着重要的角色。分析非遗文化中常见的色彩（如红色、黄色等）如何影响产品的视觉张力和消费者的感知。

Shijue Wen-chuang Sheji

第五章
设计实践——文创设计打样与模型制作

内容概述

本章深入探讨了文创设计打样与模型制作的流程和技巧。首先介绍了打样的关键步骤及注意事项，确保设计能够在实际生产中精准呈现。随后，详述了模型制作所需的技术与工具，助力设计师将创意转化为实物模型。通过打样和模型制作，设计师能更直观地检验并优化方案，从而提升产品质量及市场竞争力。

学习目标

（1）掌握文创设计打样的关键步骤和注意事项，确保设计能够在实际生产中精准呈现。

（2）学习模型制作所需的技术与工具，能够将创意转化为实物模型，直观地检验并优化设计方案。

（3）理解打样和模型制作在提升产品质量及市场竞争力中的重要性，确保大量生产出的商品质量符合预期。

学习难点

学习难点在于文创设计打样和模型制作的技术细节。学生需要掌握如何进行设计打样，确保设计方案能够在实际生产中得以实现。此外，模型制作需要学生具备一定的手工技能和对材料的理解，能够制作出符合设计要求的模型。

5.1 文创设计打样

样本的制备是确保产品满足既有加工质量准则的一个关键环节，并且它也是一种检测成品是否能符合预期功能的审查手段。对于那些精密度极高的产品，样本的制备尤为关键，以确保它们的质量更为上乘。直接进行批量生产而忽视样本制备，容易导致产品的质量问题，有时还可能造成庞大的财务损失。因此，严格执行生产流程规范并细致执行样本的预制过程，借此验收并调整制作上的缺陷，是确保商品质量的重要环节。至于平面作品，它们之所以这样称呼，源于其主要以平面的形态存在。平面作品包括但不限于书籍、刊物、绘画艺术品、照片、影视产品、工程设计图、商品设计图纸、地理图谱和多种图解等众多作品。平面作品和立体作品之间并没有一个清晰的区别界限，一些平面作品具有类似立体作品的特质，比如厚重的书籍会呈现出三维形状，而有些雕塑也会采用三维的方式呈现。在文化艺术设计与产品制作的实践中，常用的一些介质包括当地特色产品的包装设计、书签、明信片以及手绘地图等。

在开始进行图文印刷样品制作前，需与行业专业人才进行深入交流，以确认印数、纸品种类、纸质克重、后期加工工艺以及所需时长等各项细节。

1. 打样流程

（1）打样阶段。这是平面设计初期阶段，设计师创建初步的效果草图主要用于展示设计的基本布局和核心元素，而暂不考虑复杂的细节。

（2）大样阶段。在这一阶段，设计师将进一步细化设计，预估成品的最终效果。这通常涉及与客户及印刷专业人员的沟通，进行必要的调整以获得客户的认可。

（3）末稿阶段。在设计的最终阶段，设计师会对所有视觉元素进行最后确认，确保所有细节都正确无误，并进行微调，以确保成品的效果尽可能接近设计稿。

（4）样本制作阶段。在这个阶段，平面设计师使用彩笔和电脑制作清晰的样稿，然后将样稿手动粘贴在硬纸板上，并按照规定的尺寸进行剪裁和折叠，以展示设计作品的最终视觉效果。

样本制作的目的是确保批量生产的商品能够精确地复制设计稿。样本的制作质量直接影响到整批商品的品质稳定性。通过精确的样本制作和检验，可以推导出更科学和合理的生产流程，这对于提升商品的整体品质至关重要。因此，高度重视样本的工艺制定和精细操作是非常有必要的，这不仅可以避免生产过程中可能出现的质量问题，还可以显著提升最终商品的品质。

2. 打样质量要求

样本应在确定的印刷条件下生产，否则打印的高质量没有意义，因为无法实现实际印刷生产。

在确认生产环境具备生产能力的条件下，所制样本需达到高品质标准。鉴于样本将作为印刷生产的参照，若其品质不佳，则势必造成最终印刷品的品质下降。

5.2　模型制作

仿制品是所探索的体系、流程、物件或观念的一种表征方式，此处所指为依据实验设计的标准缩放比例制成的产品原型。通常铸造模具所需的花费偏高，涉及的资金投入大，带来的经济风险也较大，因此在许多情况下，人们会优先采用仿制品开发，在综合评估之后才决定是否进行模具的开发工作。与制模相比，仿制品开发拥有较低的成本和更快的制作速度等优势，并能对产品外形进行多次精细调整与质量测试，广泛用于各个领域。

设计是一个创造性的思维过程，也是并不能完全呈现客观实体的一个过程。虽然随着技术的进步，我们可以通过计算机效果图很好地展现三维效果，但我们并不能真实地感知到这些效果。构建模型是设计专家传递构思的工具之一（图5-2-1）。他们还可利用模型来审视并提炼产品细节，以优化设计并对产品的整体表现进行评估。在评估设计方案的阶段，借助模型进行展示往往更为形象且高效，这在开发新产品的过程中至关重要。

模型制作在设计过程中扮演着至关重要的角色，其主要作用包括如下几个方面。

①通过实际制作模型，设计师可以对设计方案进行实验性探索，发现潜在问题并加以完善，使得最终方案更加成熟和可行。

②模型是展示设计方案的直观载体，有助于与客户或团队成员进行有效沟通和交流，促进设计思路的碰撞和优化。

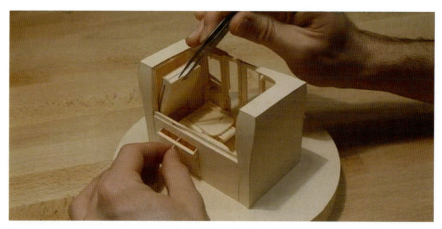

图 5-2-1　模型制作

③借助模型进行设计成果的检验,可以在投入大规模生产之前及时发现并解决问题,从而减少后续投入的时间,降低资金成本。

根据模型的用途和制作材料,可以将其分为以下几类。

①按功能分类。a. 初步模型(原型):体现设计师对产品形态的初步构想,追求以最简单的方式传达设计理念,常用材料包括纸张、石膏、树脂、泥土等。b. 展示模型:以高度还原产品的真实形态为目标,用于展示最终的设计效果。c. 手板样机:结合手工和机械加工制作,用于在量产前验证产品设计的可行性和功能性。

②按材料分类。a. 纸模型:利用纸张的可塑性,通过折叠、剪切、雕刻等方式进行加工,适合制作结构简单的初步模型。b. 石膏模型:采用价格低廉的石膏材料,具有良好的塑形性和细节表现力,适合制作精细的展示模型。c. 泥塑模型:利用泥料的可塑性和柔软特性,通过手工塑造的方式进行创作,适合表现自由曲面和有机形态。d. 木材模型:木材质地轻盈,纹理自然,易于加工和着色,适合制作需要体现材质感的模型。e. 复合材料模型:综合运用多种材料的特性,扬长避短,以达到最佳的模型制作效果。

在模型制作过程中,材料的选择至关重要。设计师需要根据模型的功能要求和设计特点,选择最适合的材料,以充分展现产品的特性和设计理念。不同材料的模型见图 5-2-2～图 5-2-6。

图 5-2-2　岭南狮魂——点头醒狮纸模型

图 5-2-3　疯狂动物城纸模型

设计实践——文创设计打样与模型制作　第五章

图 5-2-4　石膏模型

图 5-2-5　泥模型

图 5-2-6　木材模型

5.3　3D 打印技术

3D 打印技术的快速发展极大地便利了我们的日常生活和工作实践，显著提升了设计师将创意付诸实践的能力，对日常生活产生了深远影响。这一技术属于快速成型范畴，其特点在于能够使结构复杂的物品直接成型，无须额外的机械加工或模具制作。3D 打印技术大幅缩短了产品从设计到生产的周期，有效降低了生产成本。常用的 3D 打印材料包括纤维增强尼龙、耐用尼龙、石膏基材料、铝材、钛合金、不锈钢、电镀银、电镀金，以及多种橡胶材质等。

3D 打印技术的应用领域广泛，涵盖了珠宝、鞋类、工业设计、建筑、汽车制造、航空航天、医疗、教育、地理信息技术等诸多行业。

3D 打印技术的精髓在于其能够轻松应对设计中的高难度问题，以及复杂性和个性化需求。当传统制造方法束手无策时，这项技术的优势尤为突出。它允许设计师全身心投入创作本身，而无须分心考虑与生产工艺的兼容性问题。因此，3D 打印实际上是对传统工艺的补充和升级。在追求产品个性化和制造特色的大趋势下，3D 打印与 3D 设计的结合堪称完美。鉴于 3D 打印在塑造独特外观方面的内在优势，它在文创产业中拥有得天独厚的应用前景。创意产品 3D 打印模型见图 5-3-1。

图 5-3-1　创意产品 3D 打印模型

3D 打印技术是依托数码模版，利用粉状的金属或塑胶这类黏性物质，采取分层叠加的打印手法制作实体的工艺。它作为迅速造型的手段，能提升操作者的实操技巧与创造力。

1. 3D 打印技术在功能性鞋面设计中的应用

3D 打印技术已成功应用于功能性鞋面的制作。与传统编织工艺相比，3D 打印鞋面材料具有更高的密度，能够增强材料的拉伸性能和抗扭性能，同时减少不必要的摩擦。

2. 陶泥 3D 打印技术

陶泥 3D 打印技术采用分层累积的"塑造型构建"方式，突破了传统陶瓷工艺在造型方面的限制，实现了创意非凡的陶土制品和雕塑外形设计。

3. 3D 打印定制陶瓷文创产品的设计与制作流程

（1）立体模型设计与制作。

在使用 3D 技术设计陶瓷时，数字模型的建立是关键环节。设计师根据数字模拟和实体打印效果，可直接评估作品的形状及特征，全面优化设计方案，为陶瓷制品的生产提供技术和数据支持。设计过程中，设计师先根据初始构思绘制简图，包括陶瓷制品的俯视图、仰视图和正视图，再根据这些视图创建三维实体模型。根据设计要求，设计师选择合适的软件工具（如 3ds Max 和 Rhino）进行建模，这些工具具有高效的曲面建模功能，能快速将设计模型转化为 3D 打印机常用的 STL 格式。利用 3D 软件的曲面塑造能力，设计师可以创作出形态更加复杂的陶瓷制品。对于形状繁复的陶瓷作品，设计时需要严格参照曲率标准，确保成品外观顺滑、握持舒适，这需要利用 3D 软件的曲面建模工具进行精确设计。

（2）泥坯制作。

完成陶瓷设计后，开始制作泥坯。3D 陶瓷打印将立体物体转化为二维平面设计图样，明确其坐标系，打印机根据程序指令控制步进电机的运动，逐步重塑三维形态。打印过程通常使用湿润的泥土作为原料，但湿度条件不达标可能影响造型多样性。使用质地较硬的陶土可有效避免这一局限，因此硬陶土成为 3D 陶瓷打印的常用材料。打印采用分层堆积方式，成品外观通常呈现出层次分明的质感。一般设定层高为 10

毫米，既加快打印速度，又保持外观质量。对于追求更细腻外表质地的作品，层厚可调整至0.3毫米，但对大型创作物而言，这种精度并非强制性要求。打印出的陶瓷半成品需要研磨至光滑，并置于干燥避光环境中自然风干。

（3）陶坯表面处理。

由于3D打印采用分层累积方式构建物体，打印出的陶瓷半成品表面粗糙度较高，且与设计原稿存在一定精度偏差，生产过程中还会产生丝状毛边。因此，需要对模型表面进行打磨，确保表面平滑，得到质地细腻、符合要求的原型。对于精度达0.3毫米的精细模型，可使用细砂纸轻柔打磨表面；对于厚度超过0.3毫米的模型，建议使用中等粒度砂纸进行表面处理。3D打印技术提高了陶瓷造型精度，实现批量生产，因此打磨时可采用高速方式。通过提高砂轮转速，可有效提升磨料去除效率。在高速运转下，磨料不发生形变、切削层次减薄、磨削作用力下降，这些因素共同作用于陶瓷表面，造成最小损伤，达到表面光洁的目的。打印完成的模型须去除表面灰尘，根据初步设计方案进行上色和图案绘制。彩绘干燥后，模型须经过施釉和烧制。

随着艺术追求的提升，人们对陶瓷等文创产品的需求也日益增长。通过3D打印技术，设计师可在3D软件中设计陶瓷外形，将富有艺术性的陶瓷产品打印出来，实现设计构想，增加陶瓷产品的多样性。

课后思考

1. 在文创设计打样过程中，哪些因素会影响打样的准确性和效果？请举例说明。
2. 模型制作在文创产品开发中有哪些重要作用？请结合具体案例分析模型制作对设计优化的影响。
3. 如何选择合适的工具和材料进行文创产品的模型制作？请列举几种常用的模型制作工具和材料，并说明其优缺点。
4. 在文创设计打样和模型制作过程中，如何有效地进行质量控制和成本管理？请提出具体的策略和方法。

Shijue Wen-chuang Sheji

第六章

设计实践——中秋月饼礼盒
包装设计与效果图展示

内容概述

本章详述了中秋月饼礼盒从初期设计准备到最终效果图渲染的全过程，包括设计前期准备、包装插画线稿绘制、内插口盒和天地盖礼盒刀模绘制、系列化视觉设计、包装效果表现及 KeyShot 渲染。通过细致阐释设计流程、线稿技巧、刀模方法、一致性视觉设计及材质渲染，全面展示中秋月饼礼盒的设计与制作，帮助读者掌握要点。

学习目标

（1）掌握中秋月饼礼盒包装设计的全过程，包括前期准备、包装插画线稿绘制、刀模绘制、系列化视觉设计及效果图渲染等关键步骤。

（2）学习如何通过一致性视觉设计和材质应用，提升包装设计的整体效果和市场吸引力。

（3）掌握 KeyShot 等软件进行效果图渲染的技巧，能够准确展示设计方案的最终效果。

学习难点

学习难点在于整个设计流程的实践操作。学生需要从前期准备工作开始，逐步进行插画设计、效果图制作、刀模绘制、视觉设计和建模等。每个步骤都需要精心设计和充分准备，确保最终效果符合预期。

6.1　设计前期准备——流程讲解

以中秋月饼礼盒包装设计为例，设计思路见图 6-1-1。

了解	研究	挖掘	提炼	定位	分析	设计	呈现
品牌理念	行业视觉以及目标消费行为	包装设计元素	设计思路	设计风格	包装结构及工艺	包装的系列化视觉	包装效果

图 6-1-1　设计思路

（1）了解品牌理念。

设计产品应符合年轻人的口味，并承载浓厚的中华传统感情色彩，即设计要体现月饼文化，才能利于销售。

（2）研究行业视觉以及目标消费行为。

由 2021 年中国包装购买记录数据分析（图 6-1-2）可知，生活方式的转变导致目标人群喜好及追求理念升级，如 IP 联名的高端月饼包装逐步融入市场。但对于消费者来说，传统口味、百元以内月饼更符合胃口，且老字号加创新的形式口碑最好。

图 6-1-2　2021年中国包装购买记录数据分析

及时掌握同类竞争产品（竞品）的商业信息是设计的必要环节。从材料、造型、结构、色彩、图形以及文字等方面分析竞品信息的思路（图6-1-3），会为设计带来极大的收益。

图 6-1-3　分析竞品思路

（3）挖掘包装设计元素。

老字号"稻香村"包装设计见图6-1-4。它是具有一定特色的糕点品牌，其颜色、元素运用上都偏向于传统的风格，其包装设计也由主元素、辅助元素和点缀元素组成（图6-1-5）。

图 6-1-4　老字号"稻香村"包装设计

图 6-1-5　包装设计分析

月饼深受文化以及民俗影响，主题以思念、团圆、祝福为主。常规情况可运用牡丹花、月亮图案来设计，既突出中秋的气氛,也能表达民族文化的韵味和特色。总之,运用传统图案会更具有市场影响力。

设计者可以采用故事、荷花灯笼、传统文样等中秋元素(图6-1-6)。比如祥云纹,寓意着祥瑞之气,表达了美好的吉祥寓意,且祥云纹造型独特,让消费者感受到中国传统吉祥文化的博大精深。

| 祥云 | 荷花 | 嫦娥奔月 | 月亮 |

图6-1-6　中秋元素

(4)提炼设计思路。

经调查,市场上的月饼包装设计主要分为如下几类。

①轻奢简约风格(图6-1-7)。年轻人会比较喜欢这种风格,既简约又不失美感。

图6-1-7　轻奢简约风格

②寓意性风格(图6-1-8)。月饼在中国的寓意为团圆,即采用故事与月饼包装结合的方式能达到加深印象的目的。

图6-1-8　寓意性风格

③具有科技感的风格(图6-1-9)。精致小巧并融入科技感的元素,再搭配传统的中式糕点突显新意,不仅营造了漫游的体验感,还充满了神秘想象,深受年轻人喜欢。

图 6-1-9　具有科技感的风格

④传统的中国风格（图6-1-10）。此风格是最常见、最受欢迎，也最容易被大众接受的一种包装风格。

图 6-1-10　传统的中国风格

（5）定位设计风格。

设计者要根据消费者需求来确定设计风格（图6-1-11）。在包装设计中，不同的色彩能够引发不同的心理反应，所以包装的颜色选择颇为重要。

月饼包装设计的亮点一定是颜色的运用。包装的色调要迎合节日氛围，所以应选择红色或者其他一些比较明亮的颜色，因为红色在中国象征着吉祥喜庆，运用红色更符合消费者的心理需求，也更能够表达对人的祝福。

（6）分析包装结构及工艺。

此月饼包装采用天地盖礼盒及双插式纸盒，盒上材料环保可回收，如图6-1-12所示。

（7）包装的系列化视觉设计及效果呈现（具体内容见后文）。

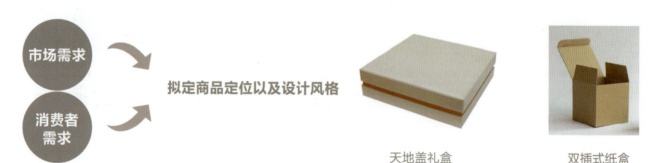

图 6-1-11　根据消费者需求确定设计风格　　　图 6-1-12　月饼包装

设计实践——中秋月饼礼盒包装设计与效果图展示　　第六章

6.2　包装插画——线稿绘制（上）

首先打开 AI，选择 A4 画板，将文件名更改为"月饼包装插画"。暂时不用设计出血线，在"颜色模式"下选择"CMYK 颜色"（图 6-2-1），然后点击"新建文件"。

选择矩形工具（图 6-2-2），点击画板，输入宽度和高度数值（图 6-2-3），点击"确定"。

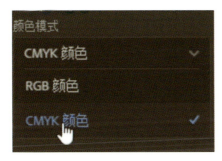
图 6-2-1　改为 CMYK 颜色模式

图 6-2-2　矩形工具

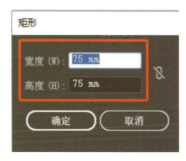
图 6-2-3　输入宽度和高度数值

按 Ctrl+2 锁定这个矩形。然后打开素材库，将这 5 张素材直接选中（图 6-2-4）并将其拖到画板中进行缩放。

图 6-2-4　包装设计素材

采用对称式的设计框架图（图 6-2-5），先画一半，然后将另一半直接镜像出来。
首先确定一个点，根据该点的位置来绘制嫦娥头发及脸部（图 6-2-6、图 6-2-7）。

图 6-2-5　对称式的设计框架图

图 6-2-6　嫦娥头发

图 6-2-7　嫦娥脸

接着勾勒嫦娥脖子及肩膀（图6-2-8、图6-2-9）。

嫦娥奔月的形态是往天上飞的，所以她的袖子尽量向上，显得更加飘逸。对于裙摆部分，先把整体轮廓勾勒出来（图6-2-10），再进行细化。

 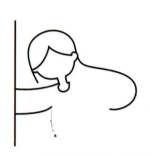 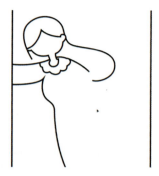

图 6-2-8　嫦娥脖子　　　　　图 6-2-9　嫦娥肩膀　　　　　图 6-2-10　嫦娥裙摆轮廓

选择钢笔工具绘制另一个手臂，该手臂的袖子也要尽量夸张一点（图6-2-11）。

袖子画完之后利用路径选择工具调整它的锚点，让整个形态看起来更加自然。

接下来绘制嫦娥裙摆（图6-2-12），再在袖子的部分增加一些细节（图6-2-13）。

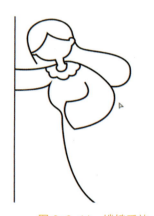  

图 6-2-11　嫦娥手袖　　　　　图 6-2-12　嫦娥裙摆　　　　　图 6-2-13　在袖子的部分增加一些细节

选择钢笔工具调整嫦娥发饰（图6-2-14、图6-2-15），并运用路径选择工具调整整体形态（图6-2-16）。

图 6-2-14　嫦娥发饰调整1　　　图 6-2-15　嫦娥发饰调整2

调整完之后选择钢笔工具，沿着嫦娥头部来绘制嫦娥飘带（图6-2-17、图6-2-18）。随时运用路径选择工具进行调整，把飘带的形态调整得更加流畅。

绘制完成之后再给衣服增加一些小细节（图6-2-19），同时运用路径选择工具反复调整她身上的锚点，使形态更加自然。

设计实践——中秋月饼礼盒包装设计与效果图展示　　第六章

图 6-2-16　调整整体形态

图 6-2-17　嫦娥飘带绘制 1

图 6-2-18　嫦娥飘带绘制 2

图 6-2-19　嫦娥衣服细节绘制

调整好之后框选所有图形进行变换，选择垂直对称，勾选"预览"，并点击"复制"查看整体的对称效果（图 6-2-20）。

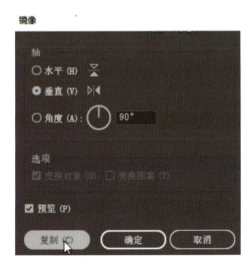

图 6-2-20　嫦娥图形对称操作

把刚刚复制出来的图形删掉，选择钢笔工具在底部空余的地方增加一些小细节（图 6-2-21），同时运用路径选择工具进行调整。调整完之后按 Ctrl + G 进行编组。

点击鼠标右键进行变换，选择垂直对称，勾选"预览"，点击"复制"并放大视图，注意锚点一定要和外框对齐，否则填色的时候可能会出现一些偏差。

接下来要在画面的上方绘制一个月亮（图 6-2-22）。其步骤是选择椭圆工具，拉一个椭圆出来，然后再调整它的位置及大小。

图 6-2-21　嫦娥进一步修饰

图 6-2-22　月亮绘制

接着要在两个嫦娥中间绘制一朵荷花。选择椭圆工具拉一个圆形，沿着这个对称线绘制荷花的一片花瓣，再重复两次就可以得到一个独特的图形（图 6-2-23）。

选择上面这个荷花的花瓣，按 Ctrl + C、Ctrl + V 复制粘贴，然后旋转，再连接刚刚绘制的两片花瓣，并运用路径选择工具进行调整（图 6-2-24）。

调整之后，在荷花花瓣的下面再绘制几片出来，以增加整体层次感，使得这个元素更加丰富（图 6-2-25）。

图 6-2-23　荷花图形绘制 1

图 6-2-24　荷花图形绘制 2

图 6-2-25　荷花图形绘制 3

接下来选择剪刀工具将右边多余的线条分隔出来，然后再删掉（图 6-2-26）。

选择所有的荷花花瓣，按 Ctrl + G 进行编组，再点击鼠标右键，运用对称工具将另一半复制出来。现在荷花的所有元素就已经绘制完成了（图 6-2-27）。

再通过不断调整荷花的大小及位置来使画面达到和谐的效果。同时运用路径选择工具调整荷花花瓣的圆角（图 6-2-28）。

 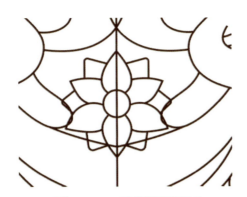 

图 6-2-26　荷花图形绘制 4　　　　图 6-2-27　荷花图形绘制 5　　　　图 6-2-28　荷花图形绘制 6

调整好之后，选择"路径查找器"，选择"连接"，若出现了错误，可能是有一些线或一些点没有连接上，这时需要手动连接，并将所有的锚点对齐。此时这个插画中的嫦娥奔月、荷花以及月亮的元素就已经绘制完成了，那下一节我们继续进行插画的绘制。

6.3　包装插画——线稿绘制（下）

本节主要在画面的上方，也就是嫦娥奔月元素的上面增加一些祥云元素。祥云元素象征着祥瑞，表达了吉祥、喜庆、幸福的愿望以及对美好生活的向往。在包装中运用这种吉祥文样，可以使消费者感受到中华传统文化的博大精深，具有寓意。

选择钢笔工具，确定好一个点，然后再确定第二个点（图 6-3-1）。

尽量把祥云图案勾勒得更加流畅。绘制好之后，运用路径选择工具调整弧度（图 6-3-2）。

运用钢笔工具勾勒出内部图案，再运用路径选择工具进行调整，使祥云更加流畅（图 6-3-3）。

图 6-3-1　祥云绘制 1　　　　　图 6-3-2　祥云绘制 2　　　　　图 6-3-3　祥云绘制 3

放大视图观察锚点的闭合状态，若没有闭合则要及时将它调整好，这样方便后期上色。

左边的祥云图案绘制好之后，框选它，然后选择其余的线，点击鼠标右键进行对称变换，复制一个图案到右边来。同样地放大视图，将所有的锚点跟外轮廓线对齐（图 6-3-4）。

调整好之后，先选择月亮元素，再选择剪刀工具，将与嫦娥奔月这个图形重合的地方剪开，然后删掉。这样月亮就露出来半个（图6-3-5）。再用剪刀工具将荷花与嫦娥衣服重合的地方剪开，然后将重合的地方删掉，这样画面看起来稍微干净一点（图6-3-6）。整体裁剪后样式见图6-3-7。

图 6-3-4　祥云绘制 4

图 6-3-5　月亮裁剪后样式

图 6-3-6　荷花裁剪后样式

图 6-3-7　整体裁剪后样式

调整好之后选择边框，取消边框的描边（图6-3-8）。放大视图，连上所有的点，闭合所有的线，以便上色。

闭合完所有的线之后，框选所有的图形。选择金色和浅金色描边，选择拾色器，调整描边的颜色，尽量调亮一点（图6-3-9）。

图 6-3-8　取消边框描边效果

图 6-3-9　描边颜色效果

选择实时上色工具，点击画面中的图形，会呈现出一个红色的边框（图6-3-10），这样就代表它是可以填充颜色的。

选择拾色器，并选择明亮的黄色来填充月亮（图6-3-11）。

接着选择浅黄色来填充飘带（图6-3-12）。

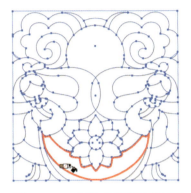 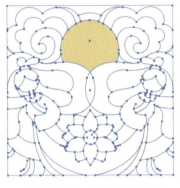 

图6-3-10　可上色编辑效果展示　　　图6-3-11　月亮上色效果　　　图6-3-12　飘带上色效果

再选择红色将空隙、裙摆填充完整。红色的饱和度尽量高一点，以凸显主色调（图6-3-13）。

选择偏深的红色填充裙摆。领子也填充为深红色，再选择亮的红色填充荷花，并将荷花剩下的6片花瓣填充为橘色，增强整体的层次感（图6-3-14）。

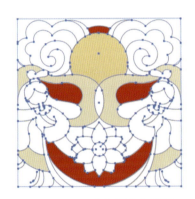 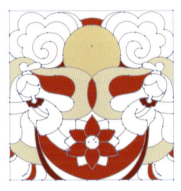

图6-3-13　主色调上色效果　　　图6-3-14　辅助物件上色效果

再选择浅橘色填充衣服的局部（图6-3-15）。

填充好之后，再运用拾色器将头发填充为深灰色（图6-3-16）。

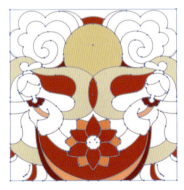 

图6-3-15　衣服上色效果　　　图6-3-16　头发上色效果

同样地，再选择深红色和酒红色将下面所有的空隙填充起来。深色背景容易凸显嫦娥奔月以及祥云、月亮的元素，这样使得整个画面的对比度更强，整体更加显眼（图6-3-17）。

接下来填充祥云。祥云分为很多层，尽量只填充两种颜色，避免过于花哨。整体画面以红色和黄色为主，可将祥云的中间层填充为墨绿色。因为整体色调偏暖，适当增加一些冷色调使得画面层次感更加丰富（图6-3-18）。

图6-3-17　深色背景上色效果

图6-3-18　填充祥云上色效果

选择实时上色工具，根据画面的需要将其他色块进行填充并调整。调整完之后，选择钢笔工具，在荷花的花瓣上运用线的元素增加一些小细节（图6-3-19）。

框选所有图形，调整金色描边，尽量增加亮度。

此时这个包装插画就已经全部绘制完成了（图6-3-20），下节将进行包装刀模的绘制。

图6-3-19　元素丰富细节效果

图6-3-20　包装插画整体效果

6.4　内插口盒和天地盖礼盒刀模绘制

月饼包装主要分为三个部分：内包装采用双插式纸盒；外包装采用天地盖礼盒；另外再加一个手提袋（图6-4-1）。

设计实践——中秋月饼礼盒包装设计与效果图展示　第六章

天地盖礼盒

双插式纸盒

图 6-4-1　月饼礼盒包装样式

1. 双插式纸盒的刀模绘制

选择矩形工具，宽度输入 75 mm，高度输入 75 mm，按 Enter 键确定，新建一个 75 mm×75 mm 的正方形。再选择矩形工具，宽度输入 40 mm，高度输入 75 mm，按 Enter 键确定。选择已经绘制好的两个矩形，将其复制一次，如图 6-4-2 所示。

	75	40	
	75		

图 6-4-2　双插式纸盒正侧面绘制（尺寸单位：mm）

下面绘制双插式纸盒的顶盖，宽度输入 75 mm，高度输入 40 mm，按 Enter 键确定。选择上面顶盖的部分，复制一个到下面（图 6-4-3）。

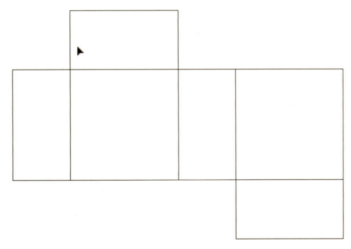

图 6-4-3　双插式纸盒顶盖绘制

接下来绘制防尘翼，选择矩形工具，宽度输入 75 mm，高度输入 10 mm，然后把上面的两个角调整为圆角（图 6-4-4）。

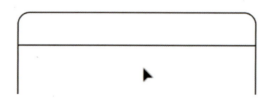

图 6-4-4　双插式纸盒防尘翼绘制

接着绘制另一个防尘翼，宽度输入 40 mm，高度输入 35 mm。放大视图调整效果，再选择剪刀工具，将刚刚绘制的这个矩形的四条边分开。选择最上面这条线，将参考点放在正中间，将宽度调整为 34 mm。删掉侧面的线，再运用直线工具将它们连接起来。将绘制好的防尘翼复制一个到另一边，如图 6-4-5 所示。

选择变换对称或水平对称将防尘翼绘制完整，如图 6-4-6 所示。

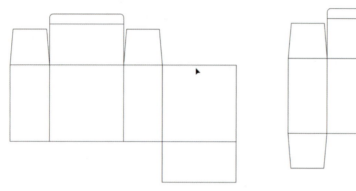

图 6-4-5　双插式纸盒防尘翼侧面绘制　　　图 6-4-6　双插式纸盒防尘翼完整绘制

接下来绘制最侧面的粘口。选择矩形工具，点击画板，高度输入 75 mm，宽度输入 10 mm，再选择剪刀工具做一个斜角，如图 6-4-7 所示。

选择画板工具，将画板稍微拉大一点。接下来要把中间这些实线变成虚线，也就是设置折叠线。选择剪刀工具，将矩形的四条线全部分开，删掉多余的线。选择已经裁剪好的线，选择窗口，再选择描边，点击虚线，调整间距，如图 6-4-8 所示。

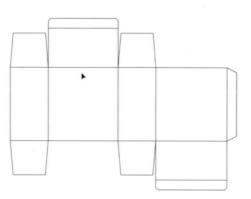

图 6-4-7　双插式纸盒侧面粘口绘制　　　图 6-4-8　双插式纸盒虚线数据调整图

其他地方也是一样，先删掉多余的线，再设置虚线。此时双插式纸盒的刀模就已经绘制完成了（图 6-4-9）。

2. 天地盖礼盒的刀模绘制

天地盖礼盒分为面盒和底盒两个部分，面盒的正面尺寸要比底盒大。面盒的尺寸是 230 mm × 180 mm × 25 mm。底盒的尺寸是 226 mm × 176 mm × 40 mm。选择矩形工具绘制一个矩形，宽度输入 230 mm，高度输入 180 mm，移到画板中间，再将画板拉大，如图 6-4-10 所示。

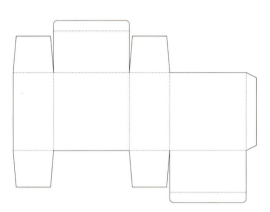

图 6-4-9 双插式纸盒整体折立面绘制

图 6-4-10 天地盖礼盒面盒绘制 1

运用矩形工具绘制一个侧面，宽度输入 25 mm，高度输入 180 mm，并将其复制到另一边。再选择矩形工具，宽度输入 230 mm，高度输入 25 mm，调整对齐后将其复制到另一边，如图 6-4-11 所示。

接下来采用同样的方法绘制天地盖礼盒的底盒，其宽度为 226 mm，高度为 176 mm，如图 6-4-12 所示。

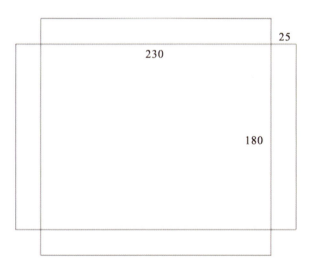

图 6-4-11 天地盖礼盒面盒绘制 2（尺寸单位：mm）

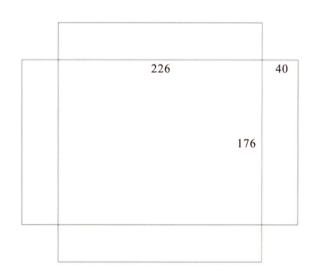

图 6-4-12 天地盖礼盒底盒效果（尺寸单位：mm）

按照前面同样的方法设置虚线。此时天地盖礼盒面盒及底盒的刀模就已经绘制完成了（图 6-4-13）。

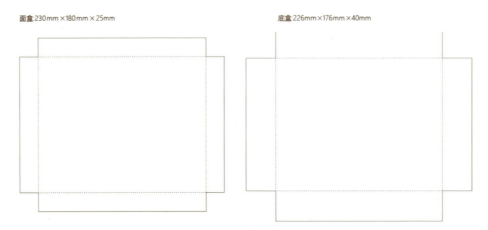

图 6-4-13　天地盖礼盒面盒、底盒刀模

3. 手提袋的绘制

选择矩形工具，绘制一个矩形，尺寸输入 240 mm×190 mm，点击"确定"，这是手提袋的正面（图 6-4-14）。

图 6-4-14　手提袋正面绘制

再选择矩形工具，将宽度调整为 75 mm，点击"确定"。再将已绘制好的两个矩形复制一遍，这就是手提带的两个正面和两个侧面（图 6-4-15）。

图 6-4-15　手提袋正侧面绘制

接下来再选择矩形工具，宽度输入 20 mm，高度不变，这就是手提袋的一个粘口（图 6-4-16）。

再应用矩形工具绘制底部，宽度输入 240 mm，高度输入 40 mm，点击"确定"，将它放置在手提袋正面的底部（图 6-4-17）。

图 6-4-16　手提袋粘口绘制

图 6-4-17　手提袋底部绘制 1

再选择矩形工具绘制另外一个底部，宽度输入 75 mm，高度输入 40 mm（图 6-4-18）。然后做一个小斜角，选择剪刀工具，将四条边裁剪开并删除多余的地方。

图 6-4-18　手提袋底部绘制 2

将参考点调整到底边正中间，宽度输入 210 mm，点击"确定"，再运用钢笔工具将两边连接起来。另外一边也是一样，将参考点放在正中间，宽度输入 65 mm，再运用钢笔工具将两边连接起来。将已绘制好的底部图形复制一遍，如图 6-4-19 所示（此处省略粘口的斜边绘制）。

图 6-4-19　手提袋底部绘制 3

接下来做手提袋的折叠线。选择钢笔工具，在侧面的中间画一条直线，如图6-4-20所示。

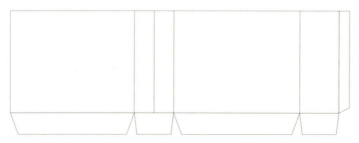

图6-4-20　手提袋折叠线绘制1

选择修改工具调整虚线的设置。选择剪刀工具将手提袋正面底部这个线分隔开，按Ctrl + C、Ctrl + F原地复制。选择"对象→变换→移动"，将此线向上移动40 mm，效果见图6-4-21。

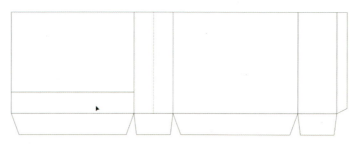

图6-4-21　手提袋折叠线绘制2

延长刚刚复制的这条线，选择吸管工具吸一下虚线的设置，再选择钢笔工具将它们连接起来。运用剪刀工具将各条线分隔开，并删除多余的线，效果见图6-4-22。

图6-4-22　手提袋折叠线绘制3

接下来确定手提袋绳子孔的位置。选择剪刀工具将最上面这条线裁切开。选择"对象→变换→移动"，将水平设置为0，垂直设置为15，点击"预览"查看效果，见图6-4-23。

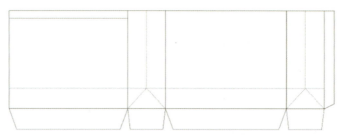

图6-4-23　手提袋折叠线绘制4

打孔的位置距离手提袋的最上方有 15 mm。选择钢笔工具在此处绘制一条直线，再选择椭圆工具在这条线的正中间绘制一个圆形，宽度输入 5 mm，高度输入 5 mm，这就是手提袋的孔眼，再删除多余的线，效果见图 6-4-24。

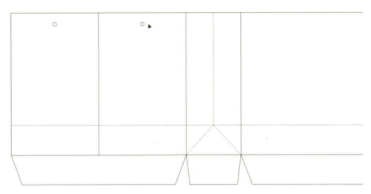

图 6-4-24　手提袋折叠线绘制 5

选择"编组"，将已绘制好的孔眼进行居中对齐，再将其复制一遍，放在右侧正中间。再将一些实线改为虚线并进行修剪，选择吸管工具吸一下虚线的设置，效果见图 6-4-25。

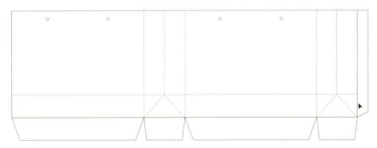

图 6-4-25　手提袋折叠线绘制 6

全部调整好之后，按 Ctrl 键框选，并按 Ctrl + G 进行编组，方便后期进行排版。此时包装盒刀模的绘制就已经完成了。

6.5　系列化视觉设计——内包装盒基本信息排版（上）

在插画上绘制一个标签。选择矩形工具，绘制一个矩形。将描边取消，填充为黑色，见图 6-5-1。

将已绘制好的矩形进行调整对齐。选择矩形的一个直角，将直角设置为 4 或者 3，使其变成一个有棱角的矩形，并进行对齐。然后调整它的大小及位置。按 Ctrl + C、Ctrl + F 进行原地复制，效果见图 6-5-2。

图 6-5-1　绘制标签

图 6-5-2　复制棱角矩形

将这个矩形的描边改为金色，再调整它的大小。选择两个矩形进行居中对齐，再进行垂直对齐，选择钢笔工具，在矩形中画一条直线，用来分隔产品的名称，然后调整它的位置（图6-5-3）。

接下来在矩形上方绘制一个小图标，按 Ctrl + R 进行锁定。选择钢笔工具，首先绘制一条弧形，确定好它的宽度，再将它的圆角调整一下，见图6-5-4。

图 6-5-3　分隔产品名称

图 6-5-4　调整圆角

接着调整它的位置，选择钢笔工具画一些装饰性的纹饰，并随时进行调整。此蝴蝶结的形态见图6-5-5。

接下来绘制此蝴蝶结的一个褶皱面。选择钢笔工具绘制四条直线，首先绘制一条，然后选择描边，将其调整为尖锥形，见图6-5-6。

把剩下三个全都改成这样，再进行调整。选择路径选择工具，将蝴蝶结的线条调整得更加流畅。然后选择变换对称工具将蝴蝶结复制到另一边（图6-5-7）。

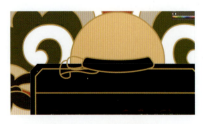
图 6-5-5　调整蝴蝶结

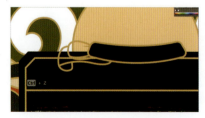
图 6-5-6　调整为尖锥形

图 6-5-7　完整蝴蝶结

选择编组，对已绘制的装饰性元素进行填色设置。选择实时上色工具，点击需要填色的地方，将蝴蝶结调整为金色的描边，然后填充黑色，见图6-5-8。

选择钢笔工具，沿着蝴蝶结的一个曲面画一条曲线，见图 6-5-9。

图 6-5-8　蝴蝶结填充颜色

图 6-5-9　绘制曲线

选择路径文字工具，运用绘制好的路径输入"阖家团圆"，再调整字体样式、间距及位置，效果见图 6-5-10。

打开素材库，查看包装的产品信息，它分为流心奶黄、芝士火腿、冰皮椰蓉、焦糖海盐四个口味，以下以流心奶黄为例进行介绍。流心奶黄原始效果见图 6-5-11。

图 6-5-10　文字效果

图 6-5-11　流心奶黄原始效果

回到画板，选择文字工具，输入"流心奶黄"。按 Ctrl + T 调出字符面板，调整字体间距、大小等（图 6-5-12）。

调整好之后再选择文字工具，输入"流心奶黄"的英文翻译，并将字体变为金色，再调整字体的大小及位置（图 6-5-13）。

图 6-5-12　调整字体 1

图 6-5-13　调整字体 2

选择中间所有的字体进行居中对齐。按 Ctrl + Alt + R 进行解锁，把插画和文字部分进行对齐，按 Ctrl + R 进行锁定。根据画面进行一些调整，将描边调小一点，裁剪并删除多余的线。流心奶黄调整完成后见图 6-5-14。

接下来制作剩下三个口味的插画及构图。按 Alt 键复制"流心奶黄"，将字体拉出来，在里面输入"芝士火腿"，再进行调整。采用同样的方法输入"冰皮椰蓉""焦糖海盐"。选择文字，点击"创建轮廓"。再调整每个笔画的粗细及长短，尽可能把横向笔画的高度、宽度调细一点（图 6-5-15）。

图 6-5-14　流心奶黄调整完成后　　　　图 6-5-15　创建轮廓

调整好之后把所有文字放在相应的插画上面。四种口味标签绘制完成后见图 6-5-16。

接下来修改插画的颜色。选择实时上色工具，将不同口味包装的祥云调整为不同的颜色，调整后见图 6-5-17。

图 6-5-16　四种口味标签　　　　图 6-5-17　插画的颜色调整后

6.6　系列化视觉设计——内包装盒基本信息排版（下）

按 Ctrl + Shift +] 把刀模线置于顶部，再选择"窗口→透明度"，将"正常"改为"正片叠底"，见图 6-6-1。

根据画面对齐折叠线，接着把文件关掉。选择底部插画，按 Alt 键复制一个到背面来（图 6-6-2）。

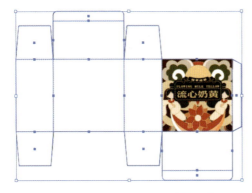
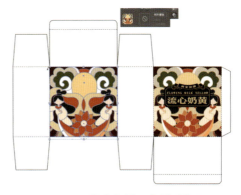

图 6-6-1　将透明度改为正片叠底模式　　　　图 6-6-2　将底部插画复制到背面

选择"对象→栅格化"，将此插画栅格化成图片。再选择矩形工具，在包装的背面绘制一个正方形。选择吸管工具吸取黄色，用浅黄色作为背景（图 6-6-3）。

打开拾色器调整颜色，将它调浅一点，再增加一个描边并调整（图 6-6-4）。

打开素材库，找到流心奶黄月饼对应的产品信息，按 Ctrl + C 复制过来。再选择文字工具，按 Ctrl + V 粘贴并进行排版。包装背面的信息采用线分割的方式，选择钢笔工具画出两条线（图 6-6-5）。

图 6-6-3　背景调色　　　　图 6-6-4　描边调整　　　　图 6-6-5　画线

选择钢笔工具把所有的线分割好，选择正面的小标签，按 Alt 键复制过来，再按 Ctrl + Shift +] 置于顶部，同时取消颜色填充（图 6-6-6）。

将这个蝴蝶结的描边改成金黄色的烫金颜色（图 6-6-7）。

图 6-6-6　取消颜色填充　　　　图 6-6-7　将描边改成金黄色

选择实时上色工具，取消部分颜色填充并进行调整（图6-6-8）。

图6-6-8　取消部分颜色填充并进行调整

选择字符工具，按Ctrl + C复制"产品名称"，按Ctrl + V粘贴过来，再选择"黑体→缩放"，将字体颜色改成金黄色（图6-6-9）。

按Ctrl + T调出字符面板，调整字体间距及大小，按Ctrl + C复制"净含量"，再按Ctrl + V粘贴过来。同样的操作，选择产品的配料表，选择直排文字工具，在左边的小方框里输入"配料表"，并在相应位置输入配料表信息（图6-6-10）。

图6-6-9　将字体颜色改成金黄色　　图6-6-10　输入配料表信息

利用字符面板工具调整行间距。调整好之后，选择其他产品信息并进行复制、粘贴操作，同时调整大小及位置（图6-6-11）。

在营养成分表区域，选择字符面板工具，调整行间距，尤其是第一行和第二行的行间距。再将第一行文字修改为白色，底部填充为金黄色，看起来更加突出（图6-6-12）。

图6-6-11　复制、粘贴其他产品信息并调整大小及位置　　图6-6-12　将第一行文字修改为白色，底部填充为金黄色

再选择路径选择工具，调整一下线的锚点。选择实时上色工具，将营养成分表中的几条线填充为金黄色。

再按 Ctrl + Shift +] 将营养成分表置于顶部，营养成分表整体效果见图 6-6-13。

接下来选择直排文字工具，输入"营养成分表"，并对它们进行对齐操作（图 6-6-14）。

图 6-6-13　营养成分表整体效果　　　　图 6-6-14　营养成分表对齐后

调整好之后，打开素材库，将所有的图标拖到画板中来，包括质量安全图标、环保图标、可循环利用图标及条形码等（图 6-6-15）。选择环保图标，选择"描摹→扩展"，点击取消编组，将多余的地方删除。

对于可循环利用图标，选择低保真照片，然后进行描摹。其描摹后为带有颜色的图标，点击"扩展"，然后取消编组，将旁边的白底删除，再按 Ctrl + G 进行编组。

接下来要将这些图形图标放在产品的背面并进行排版。首先放置条形码，条形码很长，所以将它放在下面。然后将这三个图标调整为金黄色并放在上面，同时适当调整它们的大小（图 6-6-16）。

图 6-6-15　图标素材

调整好之后选择钢笔工具，在每一个图标的中间绘制一条直线，将它们分隔开。选择所有图标进行水平居中及水平分布操作。再来调整这个条形码的大小，将质量安全图标放在条形码的旁边进行缩放，再进行对齐操作（图 6-6-17）。

图 6-6-16　调整图标大小　　　　图 6-6-17　对齐图标

根据整体画面进行手动调整，效果见图6-6-18。

图6-6-18　整体效果调整后

6.7　系列化视觉设计——天地盖礼盒和手提袋展开图排版

现在内包装盒的正面及背面都已经排好了，还剩下两个侧面。框选所有图形查看整个包装盒展开图的尺寸。选择矩形工具，新建一个同样大小的矩形，见图6-7-1。

将此矩形作为包装盒的底图，将它填充为红色，见图6-7-2。

图6-7-1　新建矩形

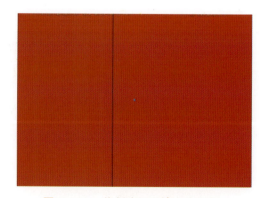

图6-7-2　将新建矩形填充为红色

接着调整红色亮度，见图6-7-3。

选择矩形工具，新建一个矩形，再建立剪切蒙版将多余的地方删除，见图6-7-4。

打开素材库，选择酥月斋Logo（图6-7-5），将其拖入包装的侧面，并进行缩放，调整到合适的大小及位置。

图 6-7-3　调整红色亮度

图 6-7-4　将多余的地方删除

图 6-7-5　选择酥月斋 Logo

按 Shift + Alt 将此 Logo 复制一个到另一边，单击鼠标右键取消编组（图 6-7-6）。

图 6-7-6　贴上 Logo

选择实时上色工具，将此 Logo 背景填充为金色，再将 Logo 背景上的字体填充为白色，见图 6-7-7。

图 6-7-7　将 Logo 背景填充为金色

选择 Logo 中的"中华老字号"，将它复制到这个包装盒的顶面。单击鼠标右键取消编组，移动它们的位置并调大字间距，见图 6-7-8。

选择钢笔工具在字体之间绘制短直线，见图 6-7-9。

图 6-7-8　调大字间距　　　　　　　　　　　图 6-7-9　在字体之间绘制短直线

将绘制好的字体旋转一下，再复制一个到下面来。这个内插口盒包装展开图就已经完成了（图 6-7-10）。

图 6-7-10　内插口盒包装展开图

接下来制作天地盖礼盒的展开图。我们选择插画的底图，按住 Alt 键复制一个出来，并将填充取消，只留下金色的描边，见图 6-7-11。

调整插画大小并框选所有图形，查看展开图的尺寸。再选择矩形工具，新建一个跟底图一样大小的矩形，见图 6-7-12。

选择吸管工具将矩形填充成红色，再将红色矩形移放在插画下方，见图 6-7-13。

图 6-7-11　留下插画金色的描边　　　　图 6-7-12　新建矩形数据　　　　图 6-7-13　将红色矩形放置在插画下方

选择中间的图案，将描边调整到 1.2 左右，见图 6-7-14。

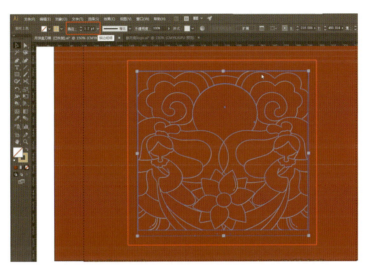

图 6-7-14　描边调整到 1.2 左右

再选择矩形工具，绘制一个矩形。然后移动它们的位置进行编组，见图 6-7-15。

选择酥月斋的 Logo，按 Shift + Alt 复制一个并放在这个月亮的中间，见图 6-7-16。

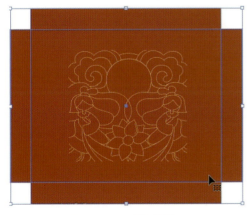

图 6-7-15　图形编组　　　　　　　　　图 6-7-16　Logo 放置的位置

接着进行居中对齐并调整它们的大小及位置。再运用剪刀工具把中间重复的地方分隔开，然后再删除，见图6-7-17。

将多余的地方删除并调整好之后再进行对齐操作，把多出来的线进行对齐，对所有的锚点进行闭合，见图6-7-18。

图6-7-17　将重复的地方删除　　　　　图6-7-18　对所有的锚点进行闭合

选择文字工具，在下面输入"净含量：50 g×4"，见图6-7-19。

图6-7-19　输入"净含量：50 g×4"

选择合适的字体，将它们进行居中对齐、水平对齐，见图6-7-20。

图6-7-20　进行居中对齐、水平对齐

同样地，在上面这个内包装盒中也要增加一个净含量的说明，选择圆角矩形工具绘制一个圆角矩形，将这个圆角矩形填充为酒红色，描边填充为金色，见图6-7-21。

拖动圆角矩形的锚点并进行调整，见图6-7-22。

设计实践——中秋月饼礼盒包装设计与效果图展示 第六章

图 6-7-21 将圆角矩形填充为酒红色　　　　图 6-7-22 圆角矩形调整数据

再选择吸管工具吸一下这个金色的边框，同时把它填充为酒红色，见图 6-7-23。

选择钢笔工具画一条短竖线，再输入"净含量"，将字体调整为金色，再输入"50 g"，见图 6-7-24。

图 6-7-23 将金色边框填充为酒红色　　　　图 6-7-24 输入"净含量"及"50 g"

此时净含量的说明就已经做完了。接下来做天地盖礼盒的底盒。选择矩形工具，绘制两个跟底部同样大小的矩形，见图 6-7-25。

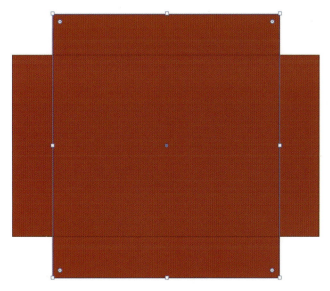

图 6-7-25 绘制矩形

底盒的底面不需要特别设计，只需要增加一些产品信息的说明。

选择内包装盒上的标签，按 Alt 键复制过来。取消编组，再将上面的小标签及下面空余的地方删除，尽可能使面积变小一点，见图 6-7-26。

图 6-7-26　删除后效果

接着在最上面一行将净含量修改为"50*4g"，见图 6-7-27。

图 6-7-27　净含量修改为"50*4g"

在产品名称处输入"中秋月饼"，见图 6-7-28。

图 6-7-28　输入产品名称"中秋月饼"

调整好之后对整体进行缩放，再选择 Logo，将其复制于底盒的左上角，见图 6-7-29。

图 6-7-29　将 Logo 复制于底盒上

接下来绘制手提袋。框选所有手提袋展开图查看手提袋的尺寸，见图 6-7-30。

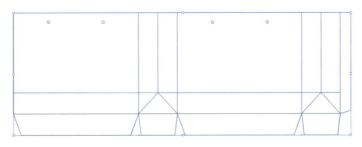

图 6-7-30　框选手提袋展开图

选择矩形工具，新建一个跟底图一样大小的矩形，放置在刀模线的下面，见图 6-7-31。

图 6-7-31　绘制刀模底图

再选择 Logo，将其直接放置在手提袋正面及背面的中心，见图 6-7-32，尽可能让手提袋看起来更加简洁。

图 6-7-32　放置 Logo

调整好之后再进行对齐操作。此时手提袋展开图的排版就已经绘制完成了，见图6-7-33。

图6-7-33　手提袋展开图的排版

接下来做出血线。出血线的宽度一般设置为3 mm左右，见图6-7-34。

图6-7-34　绘制出血线

选择内包装盒底图，在上方工具栏中将参考点摆在正中心。将它的宽度增加6 mm，高度也增加6 mm，数据见图6-7-35。

图6-7-35　出血线数据（1）

同样的操作，选择天地盖礼盒的两个矩形，宽度增加6 mm，高度增加6 mm，两边各增加3 mm，见图6-7-36。

图6-7-36　出血线数据（2）

接下来设置手提袋的出血线。一样的操作，将参考点放在正中心，然后在上方工具栏中将它的宽度和高度各增加6 mm，见图6-7-37。

图 6-7-37　出血线数据（3）

此时所有展开图的出血线都已经设置好了，选择"对象→扩展"，将所有字体及图案轮廓化，见图 6-7-38。这样可以保证后期在其他电脑打开这个文件的时候，里面的字体或者其他数据不会丢失。

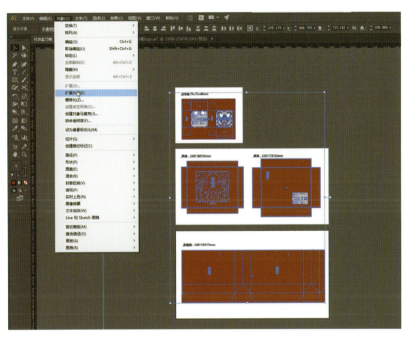

图 6-7-38　将所有字体及图案轮廓化

如果后期需要进行贴图，可以直接选择画板工具，在每个画面上进行点击，这样它就会自动形成一个画板，直接点击"文件→导出"，使用画板工具选择画板的范围就可以了，见图 6-7-39。

图 6-7-39　选择画板范围

6.8 包装效果表现——外包装盒和内包装建模

运用犀牛软件制作天地盖礼盒及内包装插口盒。在犀牛软件视图中，上方及侧边为工具栏，中间为四个视图，见图 6-8-1。

选择立方体工具，长度输入"75"，宽度输入"75"，高度输入"40"，见图 6-8-2。

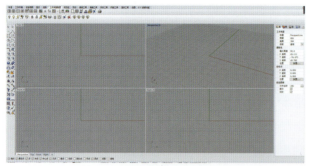

图 6-8-1　犀牛软件视图　　　　　　　　　　图 6-8-2　选择立方体工具输入尺寸数据

按 Enter 键确定，此时就新建了一个尺寸为 75 mm×75 mm×40 mm 的包装盒。将它调整为着色模式，见图 6-8-3，就可以清楚地看到它的结构。

再选择不等距边缘圆角工具，框选所有的线，选择半径，在"下一个半径"后输入"3"，见图 6-8-4，按 Enter 键确定。

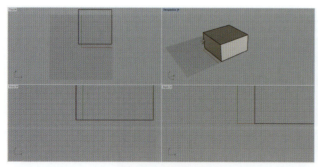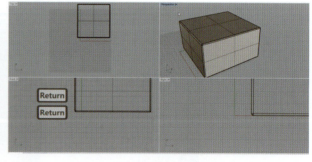

图 6-8-3　包装盒结构　　　　　　　　　　图 6-8-4　半径输入后效果

将模式改为渲染模式，观察圆角的大小是否合适。再选择立方体工具绘制一个立方体，长度输入"230"，宽度输入"180"，高度输入"25"，按 Enter 键确定，此为天地盖礼盒的天盖部分，见图 6-8-5。

选择炸开，将底面删掉，再框选，点击"组合"。这就是天盖，见图 6-8-6。

将视图最大化。同样选择不等距边缘圆角工具。在"下一个半径"后输入"4"。选择需要建立圆角的边，按 Enter 键确定，大致的效果见图 6-8-7。

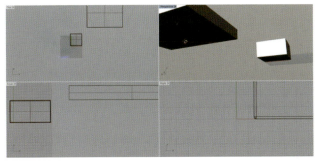

图 6-8-5 天地盖礼盒的天盖部分

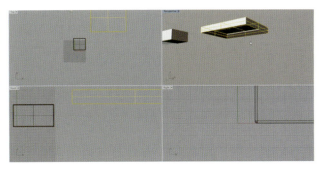

图 6-8-6 天盖

这个圆角稍大了,需要调整一下,单击鼠标右键重复操作,在"下一个半径"后输入"3",再重新选择所有的边,按 Enter 键确定,修改过后见图 6-8-8。

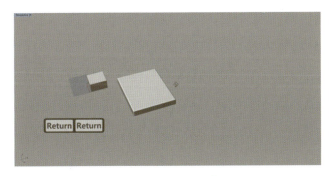

图 6-8-7 建立圆角

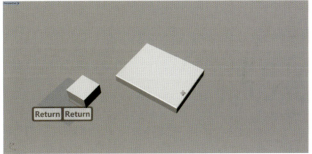

图 6-8-8 礼盒修改过后

选择所有的面,再选择偏移曲面,箭头都是朝外的,选择全部反转,向里偏移,距离输入"1",按 Enter 键确定,这就是天地盖礼盒的厚度,见图 6-8-9。

回到四个视图,再选择立方体工具做一个底盒。长度输入"226",宽度输入"176",高度输入"40",见图 6-8-10。

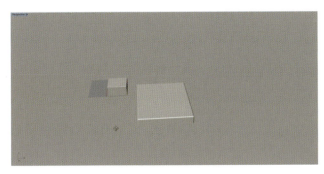

图 6-8-9 天地盖礼盒厚度呈现

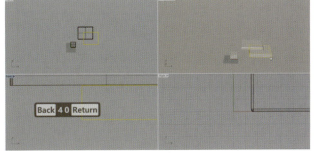

图 6-8-10 立方体底盒数据输入

选择炸开,将最上面的面删除,框选并进行组合,见图 6-8-11。

再选择不等距边缘圆角工具,选择需要建立圆角的边,选择好之后按 Enter 键确定。增加一个 3 mm 的圆角,选择偏移曲面,将方向全部反转,距离为 1。按 Ctrl+ Z 返回重新进行操作。偏移距离输入"3.5",按 Enter 键确定,见图 6-8-12。

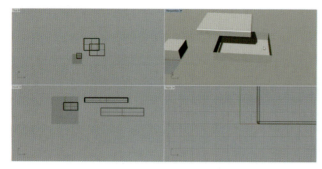

图 6-8-11　框选并进行组合后　　　　　　　图 6-8-12　建立圆角边缘后

接下来继续做几个面，选择炸开，见图 6-8-13。

接下来做内衬。框选底部面，选择组合，查看有没有漏选的面。选择单独缩放，在前视图将底面进行缩放，见图 6-8-14。

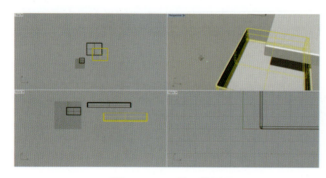

图 6-8-13　炸开模型面　　　　　　　图 6-8-14　框选底部面并进行缩放

在缩放之前，首先要选择矩形工具，绘制一个矩形，高度输入"10"，宽度输入"10"，见图 6-8-15。

再选择单独缩放，确定好一个点，再确定第二个点，关闭物件锁点。对它进行单方向的缩放，一直缩放到刚刚确定的位置。再将多余的部分删除，见图 6-8-16。

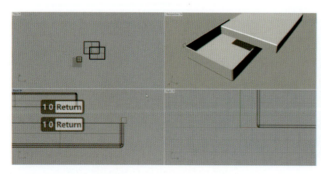

图 6-8-15　高度调整后　　　　　　　图 6-8-16　将多余的部分删除

天地盖礼盒整体的高度为 75 mm 左右，内衬的高度也要包含其中。新建一个 35 mm × 35 mm 的矩形，再选择单独缩放，关闭物件锁点，见图 6-8-17。

将天盖往旁边移一下，选择拉伸面，再选择偏移曲面，将其全部向内偏移，按 Enter 键确定，这样就偏移出厚度尺寸，见图 6-8-18。

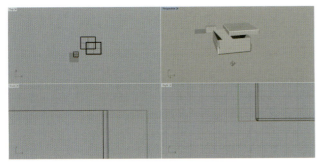

图 6-8-17　关闭物件锁点

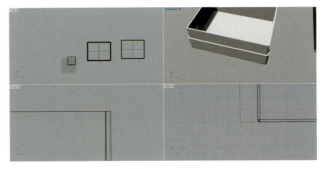

图 6-8-18　偏移曲面

接下来要在这里做一个 EVA 的内托，放大顶视图，选择立方体工具，确定好这个点，注意打开物件锁点，见图 6-8-19。

确定好两个点的位置，然后在前视图中确定内托的高度，再向下方移动，见图 6-8-20。

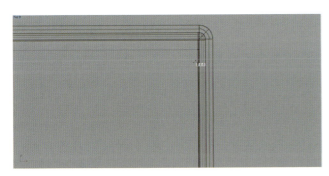

图 6-8-19　打开物件锁点后

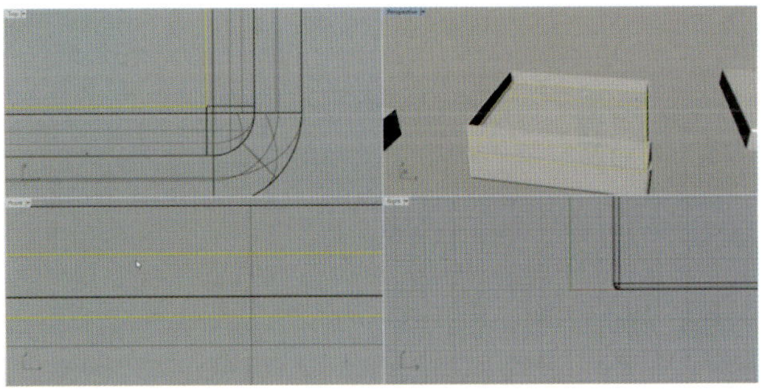

图 6-8-20　框选物体下移

确定好位置之后，选择之前绘制的内包装盒的模型，将它移动到内托中。再点击"复制"，将其复制三个，见图 6-8-21。

再调整它们的位置，让其中的间距看起来差别不大。接下来要建一个吃月饼用的餐具盒，选择立方体工具新建一个立方体，输入餐具盒的宽度、长度及高度。

在前视图中向上移一点。调整好之后，选择上面这两个月饼盒，再选择对齐工具进行底部对齐，见图 6-8-22。

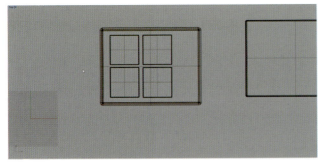

图 6-8-21　复制模型

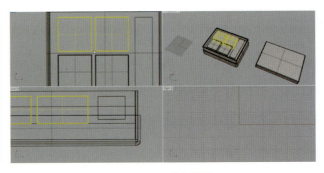

图 6-8-22　对齐模型

下面两个也是一样，选择顶部对齐、向上对齐。再将左边两个进行右对齐，右边两个进行左对齐，见图 6-8-23。

将顶视图最大化。观察月饼盒上下左右方的距离是否合适。若不合适则要调整一下。选择缩放工具，调整餐具盒的大小及位置。调整好之后回到四个视图，见图6-8-24。

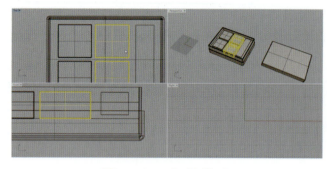

图6-8-23　左对齐模型

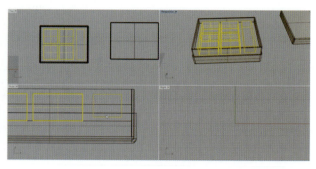

图6-8-24　四个视图

选择四个月饼盒及餐具盒，调整它们的位置，并选择移动工具调整一下内托的位置，见图6-8-25。接下来选择不等距边缘圆角工具，选择餐具盒的几条边，见图6-8-26。

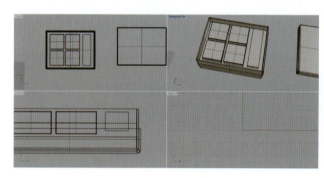

图6-8-25　调整内托的位置

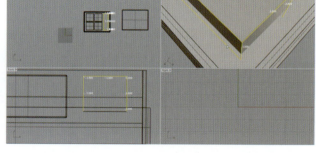

图6-8-26　选择餐具盒边

在"下一个半径"后输入"2"，按Enter键确定。这个圆角稍大了，按Ctrl+Z返回，将这个餐具盒移到一边，再重新进行操作。选择不等距边缘圆角工具，在"下一个半径"后输入"1"，见图6-8-27，按Enter键确定。调整好之后再把餐具盒移回原位。

选择四个月饼盒及餐具盒进行顶对齐。对齐之后再选择这个内托，运用缩放工具及移动工具移动位置，见图6-8-28。

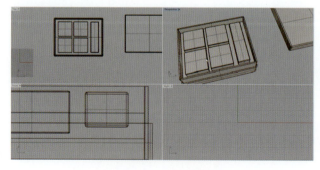

图6-8-27　半径调整后

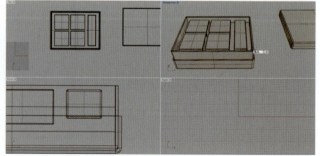

图6-8-28　餐具盒位置确定

接下来选择布尔差集运算，选择要被减去的多重曲面，也就是这个内托，再选择要减去其他物件的曲面，再选择这四个包装盒及餐具盒,按 Enter 键确定,此时这个内托的槽就已经被挖出来了,按 Ctrl+ Z 返回,见图 6-8-29。

将月饼盒及餐具盒里面所有的物件进行原地复制,见图 6-8-30。

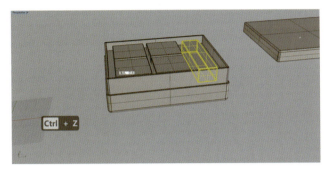

图 6-8-29 挖内托的槽

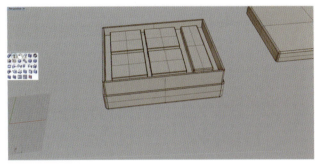

图 6-8-30 原地复制

再选择布尔差集运算,选择内托,再依次选择 5 个物件,按 Enter 键确定,见图 6-8-31。

选择这几个物件进行隐藏。接下来在内托的槽建立一些圆角,选择不等距边缘圆角工具,依次选择几条边,见图 6-8-32。

图 6-8-31 物件展现

图 6-8-32 在内托的槽建立圆角

在"下一个半径"后输入"3",按 Enter 键确定。将模式调整为渲染模式,发现圆角有点小。再调整为着色模式,重新进行操作。同样地,选择不等距边缘圆角工具,依次选择各个边,见图 6-8-33。

将圆角的大小调整为 4,效果见图 6-8-34。

图 6-8-33 选择不等距边缘圆角工具

图 6-8-34 圆角调整后效果

接下来再选择另外一边进行同样的操作,依次选择各个边,按 Enter 键确定。将模式调整为渲染模式,看一下效果，见图6-8-35。

同样选择不等距边缘圆角工具，将其他边的圆角也做出来。还有餐具盒的位置，同样的操作，把圆角也设置好，效果见图6-8-36。

图6-8-35　将模式调整为渲染模式

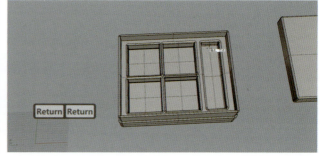

图6-8-36　圆角设置后效果

此时内托里面的槽的圆角就设置好了。选择显示所有物件，查看整体效果，见图6-8-37。

将模式调整为渲染模式。选择所有图形进行组合，将天地盖礼盒天盖部分移动到底盒上，再调整它的位置，将它完全覆盖在底盒上面，见图6-8-38。

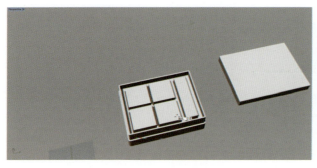

图6-8-37　整体效果

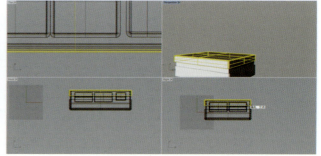

图6-8-38　调整位置

天地盖礼盒的位置调整好之后再将它移到一边。接着做手提袋。选择立方体工具，长度输入"240"，宽度输入"190"，高度输入"75"，再移动它们的位置，见图6-8-39。

选择手提袋撑开以后的状态，选择炸开，将这几个面全部炸开，见图6-8-40。

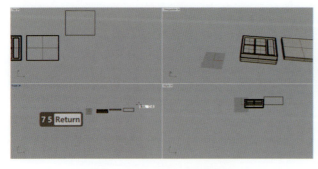

图6-8-39　调整手提袋模型

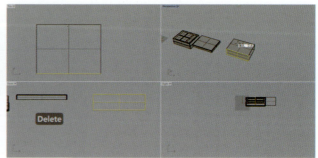

图6-8-40　选择炸开

再把手提袋的两个侧面删除，见图6-8-41，选择顶面并调整它的位置。

再来绘制手提袋缩下去的状态。选择曲面工具，确定一个点，再确定一个点，见图6-8-42，注意打开物件锁点。

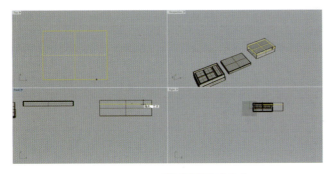

图6-8-41　手提袋侧面删除后

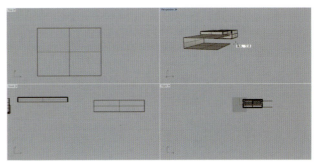

图6-8-42　绘制手提袋缩下去的状态

下面来制作它的侧面。选择直线工具，在中间这个位置确定好一个点，拉一下之后再确定一个点，将这条线向里面移动，见图6-8-43。

选择多重直线，将刚刚绘制的这条线的端点与两边的这两个点连接起来，再将这两个点连接起来，见图6-8-44。

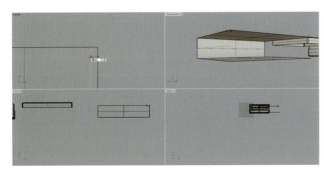

图6-8-43　移动线条　　　　　　　　　　　　　　图6-8-44　连接点后

同样的操作，再选择多重直线工具，将上面这两条线也绘制出来。

选择曲面工具，选择这四条线，再选择另外四条线，见图6-8-45，这样就新建了两个面。

接着选择分割工具，用这两条线将底面分割成两个部分，将多余的部分删除，见图6-8-46。

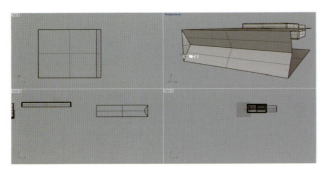

图6-8-45　新建面

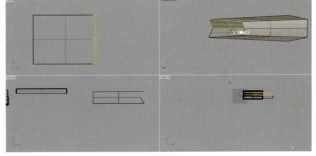

图6-8-46　删除多余的部分

接下来选择两个面，再选择镜像工具，选择中间这个点，把它镜像到另一边，操作见图6-8-47。

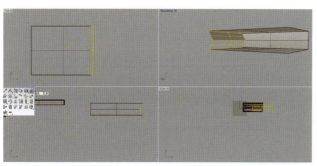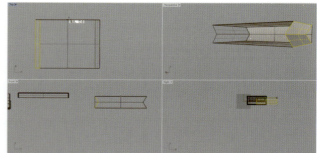

图 6-8-47　镜像手提袋

框选所有的图形进行组合。选择偏移曲面，再选择全部反转，偏移距离输入 1，按 Enter 键确定，此为包装袋厚度设置，见图 6-8-48。

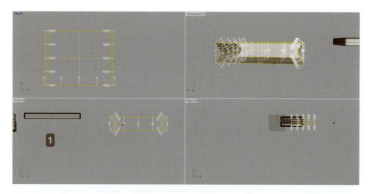

图 6-8-48　设置包装袋厚度

6.9　包装效果表现——主效果图构图分析

回到四个视图，选择旋转工具，将这两个模型进行旋转，使它们立起来，见图 6-9-1。

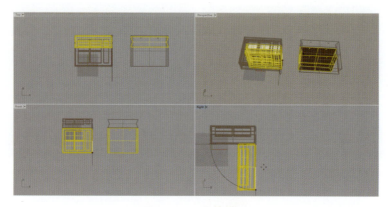

图 6-9-1　旋转模型

选择天盖的部分，将天盖向右边移一点，尽量使里面的月饼盒及餐具盒呈现出来。

接下来绘制展台。首先在前视图中确定高度，在顶视图中确定宽度及长度。确定好具体尺寸之后，再选择立方体工具，绘制两个展台（图6-9-2）。

接着再移动位置，将这两个展台重叠在一起，选择单轴缩放，见图6-9-3，将它的长度拉长一点，再将两个展台进行底部对齐。

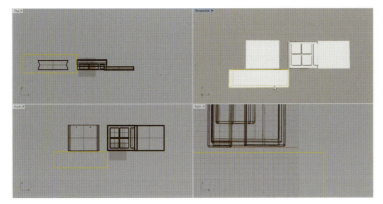

图6-9-2　绘制展台

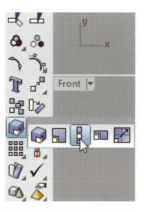

图6-9-3　选择单轴缩放

再运用单轴缩放工具将高度稍微调整一下。框选并移动展台，见图6-9-4。

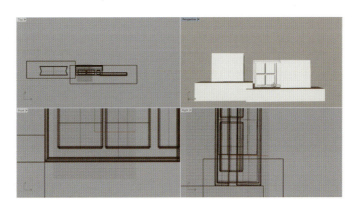

图6-9-4　移动展台

选择手提袋的部分，再调整它们的位置、大小及方向，见图6-9-5。

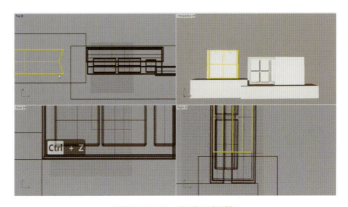

图6-9-5　移动手提袋

运用缩放工具将展台长度缩短，见图6-9-6。再调整两个展台整体的高度。

接下来要在展台的前面放置一些物件，增加整体画面的装饰美感。选择一个月饼包装盒，运用复制工具将其复制到展台的前面，然后将多余的地方删除，见图6-9-7。

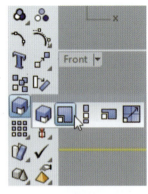 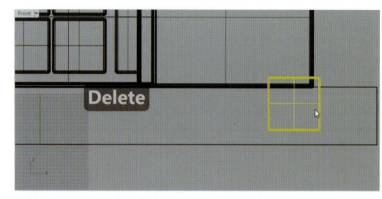

图6-9-6　运用缩放工具　　　　　　　　图6-9-7　复制月饼的包装盒

在前视图中移动它的位置，让它贴合整个地面。再选择旋转工具，进行2D旋转，将这个包装盒稍微旋转一下，并将模式调整为着色模式，整体效果见图6-9-8。

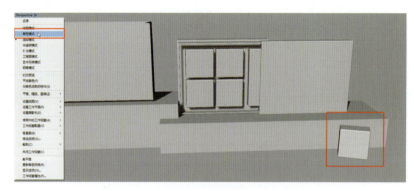

图6-9-8　旋转并将模式调整为着色模式

接下来为这两个展台增加一些圆角，选择不等距边缘圆角工具，选择矩形的几条边，见图6-9-9。

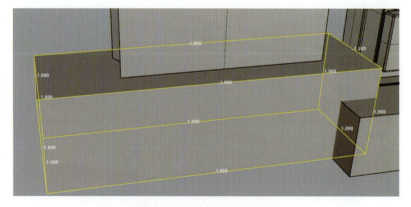

图6-9-9　选择矩形几条边

在"下一个半径"后输入"3"，见图6-9-10。

图 6-9-10 输入半径

按 Enter 键查看整体效果,将模式调整为渲染模式,再看一下效果,很明显,这个展台的圆角偏小了,按 Ctrl+Z 返回,再重新进行操作。选择不等距边缘圆角工具,再依次选择各条边,在"下一个半径"后输入"4.5",见图 6-9-11,按 Enter 键确定。

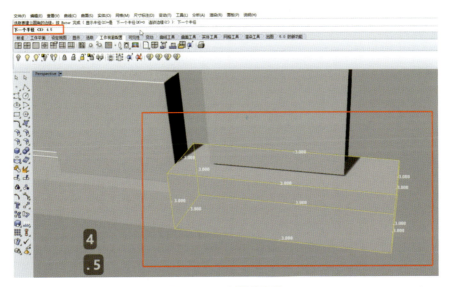

图 6-9-11 调整半径

选择另外一个展台进行同样的操作。

接着回到四个视图,在展台的前面放置一些装饰性的物件。打开素材库,选择"茶具.3dm"文件,见图 6-9-12,将它直接拖入犀牛软件中。

图 6-9-12 选择导入的模型

选择导入文件,并点击"确定",此时就导入了一个茶具模型,见图 6-9-13。

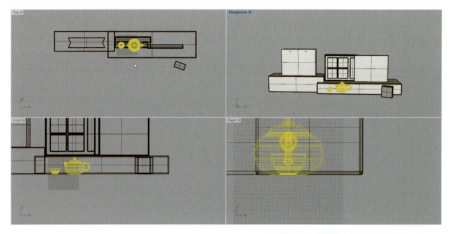

图 6-9-13　导入茶具模型

将茶具模型移动到展台的前面，再选择旋转工具，进行 180° 旋转，见图 6-9-14。将茶壶和茶杯分别进行群组操作。

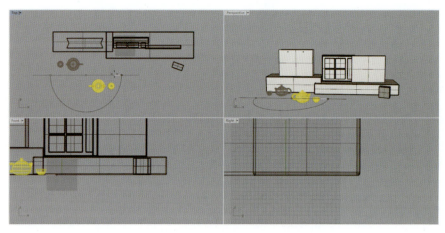

图 6-9-14　茶具 180° 旋转

选择缩放工具，首先确定一个点，再确定另外一个点，按住 Shift 键再确定一个点，见图 6-9-15，将茶壶及茶杯缩放到一定大小。

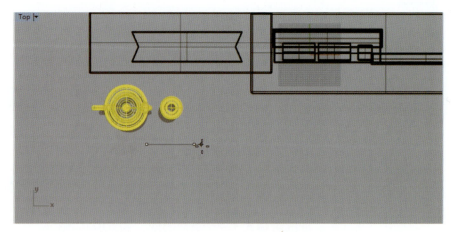

图 6-9-15　茶壶及茶杯缩放

放大前视图，移动茶壶及茶杯的位置，使它们贴合到地面上，再反复进行调整。

调整好之后打开素材库，选择"盘子.3dm"文件，见图6-9-16，将此盘子文件直接拖进来，点击导入文件，再调整它的位置。

图6-9-16 导入文件

此处有两个盘子，调整大盘子，选择单轴缩放工具，将其拉成扁长形，见图6-9-17。

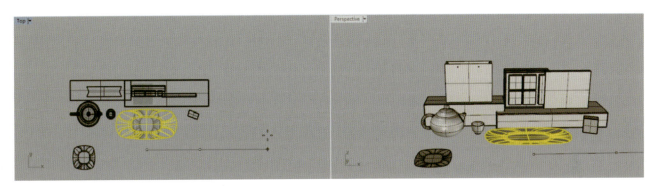

图6-9-17 调整盘子模型

再选择缩放工具进行二轴缩放及三轴缩放，将这个盘子整体缩小一点，然后调整位置及大小。调整好之后再调整其他物件的位置及大小，见图6-9-18。

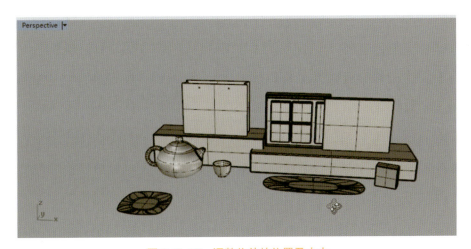

图6-9-18 调整物件的位置及大小

将月饼盒向上平移，使其与地面持平。再选择单轴缩放工具，将盘子的宽度缩小一点，见图 6-9-19。

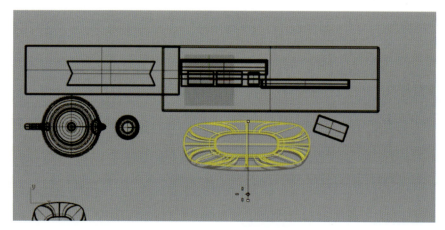

图 6-9-19　缩小盘子宽度

调整好之后再打开素材库，选择"樱花月饼.3dm"文件，将这个模型也导入进来，见图 6-9-20。

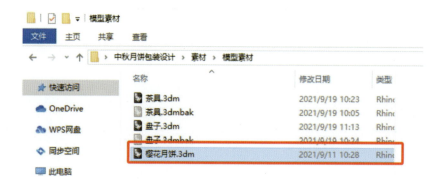

图 6-9-20　导入樱花月饼模型

将多余部分删除，见图 6-9-21，再选择复制工具，复制一个出来。

图 6-9-21　删除多余部分

将月饼直接放置到盘子中，见图 6-9-22，再将多余的部分删除。

第六章　设计实践——中秋月饼礼盒包装设计与效果图展示

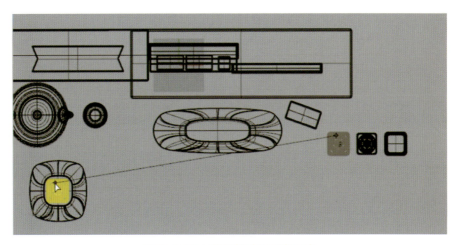

图 6-9-22　将月饼放置到盘子中

选择月饼并进行群组操作，见图 6-9-23。

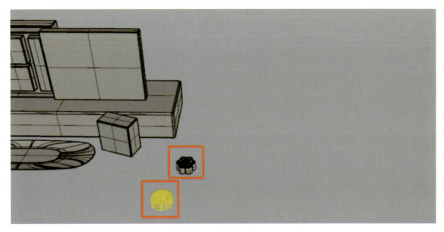

图 6-9-23　对月饼进行群组操作

再选择这两个月饼，将它放置在盘子上面，在前视图中调整它们的位置。接着选择复制工具，将月饼复制一个出来，放在另一边，见图 6-9-24。

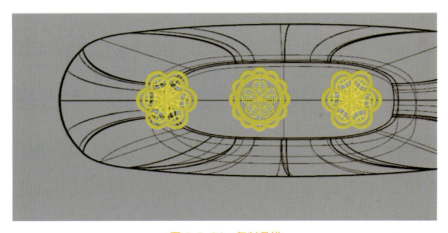

图 6-9-24　复制月饼

假如这样平着放置月饼，可能会让整体构图看起来单调。故选择 2D 旋转工具，在左视图中确定好一个点，使这三个月饼立起来，见图 6-9-25，再调整它们的位置。

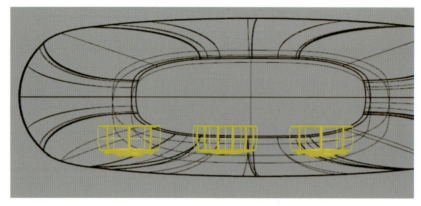

图 6-9-25　使月饼立起来

选择旋转工具，进行小角度的旋转，再移动它们的位置。选择这三个月饼进行水平居中对齐并将视图最大化。放大视图查看月饼有没有落在盘子上，没有的话要及时进行调整，见图 6-9-26。

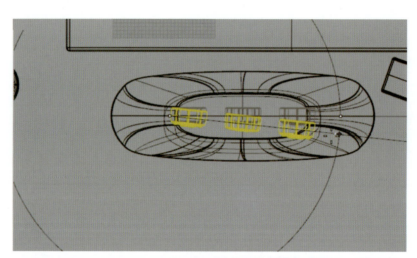

图 6-9-26　月饼旋转调整

选择另一个小盘子，使上面的月饼真正地贴合到盘子上，再框选进行居中对齐，并反复调整它们的位置及大小，整体效果见图 6-9-27。

图 6-9-27　整体效果

调整好之后再打开素材库，导入勺子模型，见图 6-9-28。

图 6-9-28　导入勺子模型

将勺子放置在盘子的旁边，再选择 2D 旋转工具，在左视图中旋转 180°并将其放置在盘子上，见图 6-9-29。

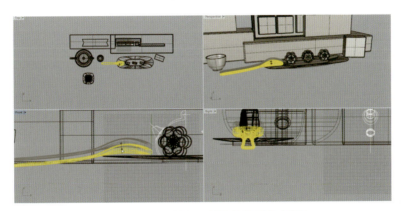

图 6-9-29　旋转勺子并将其放置在盘子上

选择旋转工具，在顶视图中调整放置的角度，让整体的状态呈现尽可能自然一点。再进入主视图中查看所有物件的位置是否合适。

运用旋转工具反复进行调整。调整好之后，再选择立方体工具绘制一个背景板，见图 6-9-30。

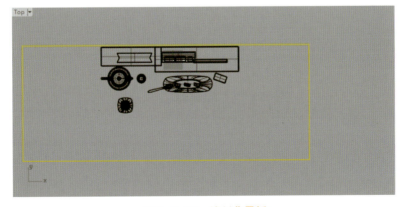

图 6-9-30　绘制背景板

在顶视图中确定背景板的长度及宽度，在前视图中确定背景板的高度，并进行手动调整，使其位置被顶满，见图 6-9-31。

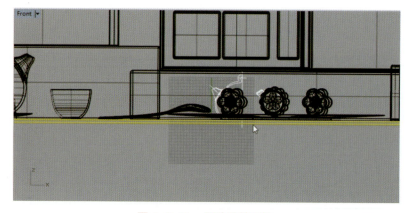

图 6-9-31　手动调整顶满

将所有的物体进行贴合。框选背景板及其上面所有的物件,并将其全部移动到 X 轴的上面,见图 6-9-32。

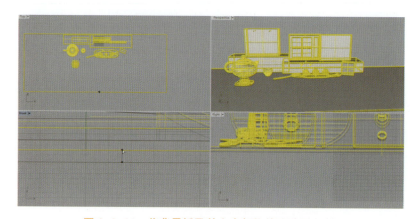

图 6-9-32　将背景板及其上全部物件移动到 X 轴

调整好之后再选择立方体工具绘制一个立起来的背景板。在顶视图中确定背景板的长度及宽度,在前视图中确定背景板的高度,再调整位置及大小。选择两个背景板并调整其位置,见图 6-9-33。

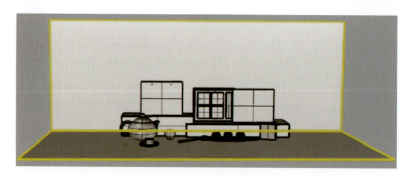

图 6-9-33　调整背景板

所有的位置调整好之后,再来优化一下细节。

接下来制作手提袋的绳子部分。选择曲线工具,确定一个点,再确定两个点绘制一条弧线,见图 6-9-34。

再选择曲线点,调整一下曲线点的位置,尽可能使这个绳子的弧线更加自然。调整好之后,选择立方体工具中的圆管工具,见图 6-9-35。

设计实践——中秋月饼礼盒包装设计与效果图展示　第六章

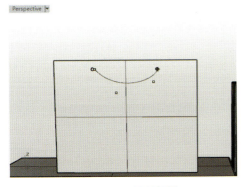

图 6-9-34　绘制绳子

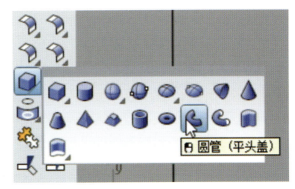

图 6-9-35　选择圆管工具

"起点半径"之后输入"直径"。这个孔的直径为 5 mm 左右，所以绳子的直径确定为 4 mm。在"起点直径"后输入"4"，按 Enter 键确定，见图 6-9-36。

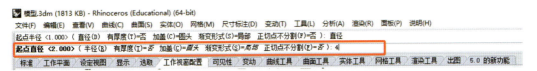

图 6-9-36　设置绳子直径

将绘制好的绳子向外面移一点，然后调整它的位置，将它调整到这个孔的位置上，见图 6-9-37。

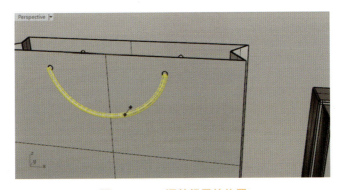

图 6-9-37　调整绳子的位置

选择旋转工具，在左视图中调整它的角度，调整好之后再选择镜像工具，将手提袋的绳子镜像到另一边，成品见图 6-9-38。

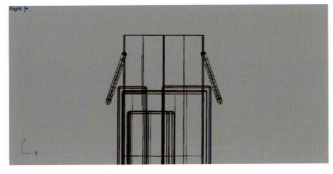

图 6-9-38　绳子镜像效果

接下来进入主视图，根据画面的效果调整物件的位置。通过主视图发现这个背景板的部分有些单一，所以要在背景板后面做一些木质的隔断。

选择立方体工具，在前视图中拉一个矩形条。在顶视图中确定它的高度并将其移动到这个背景板的前面，见图6-9-39。

接着要复制很多个矩形条。选择缩放工具调整它的长度，再选择复制工具。如果这样复制的话，可能会非常麻烦，所以要选择一个更为方便的方法，如选择阵列工具，见图6-9-40。

图6-9-39　绘制矩形条

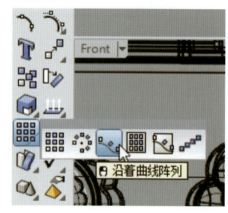
图6-9-40　选择阵列工具

选择直线阵列，"阵列数"后输入"30"，再选择第一个参考点，见图6-9-41。

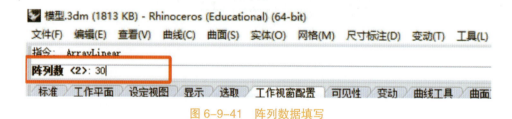
图6-9-41　阵列数据填写

再接着确定第二个参考点，此时背景板的隔断就绘制完成了。整个画面的装饰效果见图6-9-42。

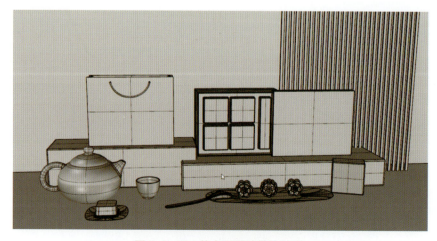
图6-9-42　整个画面的装饰效果

6.10 包装效果表现——运用图层工具进行材质分层

选择曲面圆角工具,再选择背景板的面,见图6-10-1。

 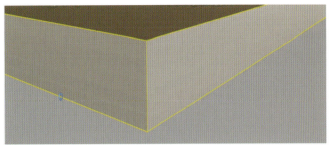

图6-10-1 选择曲面圆角工具和面

如果物件的形态过于简单,当被导入渲染软件时,可能不会显示,所以要为它增加一个圆角,使得这个物件的形态变得复杂。增加装饰圆角见图6-10-2。

后面的隔断也是一样,选择不等距边缘圆角工具,依次选择立方体的每一条边,见图6-10-3。

 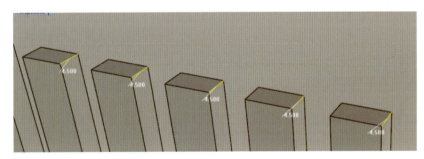

图6-10-2 增加装饰圆角　　　　　图6-10-3 选择边线

在"下一个半径"后输入"0.5",见图6-10-4,按Enter键确定。

图6-10-4 输入半径数值

下面运用图层工具将这些物件上的材质进行分层。框选所有的物件,见图6-10-5,在下方工具栏中呈现出混合状态,说明这里的物件有多种材质。

选择右侧工具栏,保留"预设值"图层,删除其余所有图层,见图6-10-6,现在所有的物件都在一个图层中,都属于同一种材质。

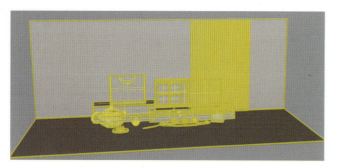

图 6-10-5 框选所有的物件

图 6-10-6 保留"预设值"图层

下面分别设置它的材质。选择背景板，选择新建图层，在下侧工具栏设置为刚刚新建的图层，选择下面这个背景板并新建图层，再设置为该图层，见图 6-10-7。

选择两个背景板，选择隐藏物件，见图 6-10-8，这样能方便后期操作。

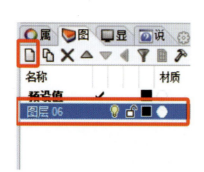

图 6-10-7 新建图层

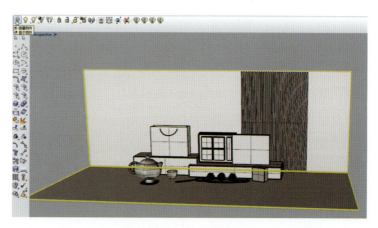

图 6-10-8 隐藏物件

选择所有栅格并新建图层12，在下方工具栏中设置为图层12，同样地也将它们隐藏起来，见图6-10-9。接下来选择两个展台，新建图层13，同样地将它们设置为图层13。选择茶壶，新建图层14并将其设置为图层14，再选择茶杯并新建图层15，将其设置为图层15。选择装月饼的盘子并新建图层16，将其设置为图层16。选择月饼并新建图层17，将其设置为图层17，其他两个月饼也是同样的操作，将它们分别设置在图层里，见图 6-10-10。

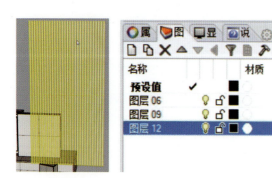

图 6-10-9 新建图层12并隐藏

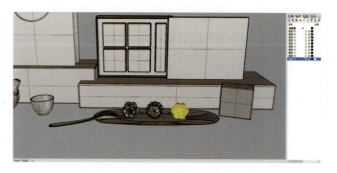

图 6-10-10 新建其他图层

点击物件查看有没有重复设置。选择勺子并新建图层20，在下方工具栏中将它设置为图层20。选择盘子并新建图层 21。选择外面透明的 PVC 盖子并新建图层 22，选择盖子底部并新建图层 23，选择月饼并新建图层 24，选择手提袋并新建图层 25，调整好之后选择炸开手提袋模型，见图 6-10-11。

选择手提袋最前面这个面，新建图层 26，设置为图层 26，见图 6-10-12。因为后期要在这个面进行贴图。

  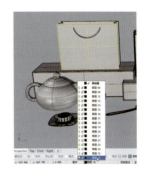

图 6-10-11　炸开手提袋模型　　　　　图 6-10-12　手提袋修改图层

选择手提袋的绳子并新建图层 27，再设置为图层 27。同样地再选择天地盖礼盒，将其设置为好几种材质。

首先是最外面的底盒和天盖的部分，底盒和天盖的部分是纸质材料，所以要新建图层 28，将它们设置为图层 28，见图 6-10-13。

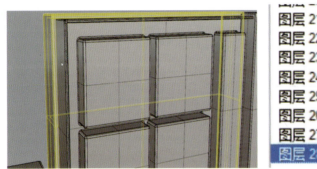

图 6-10-13　新建图层 28

接下来设置第二层内衬，它也是纸质材料，所以新建图层 29，设置为图层 29，见图 6-10-14。

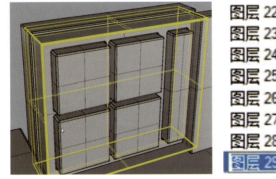

图 6-10-14　新建图层 29

接下来将 EVA 的内托设置为图层 30。紧接着将月饼盒及餐具盒设置为图层 31。再分别将四个月饼盒炸开，见图6-10-15。

图6-10-15　炸开月饼盒

餐具盒也要炸开，它们的面都需要进行贴图，选择这些面并新建图层32及图层33，见图6-10-16。

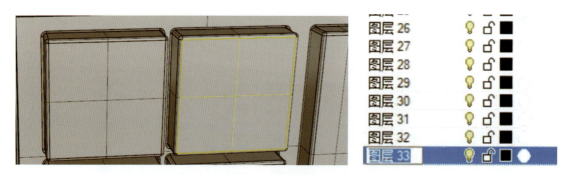

图6-10-16　新建图层32及图层33

它们的贴图是不同的，有四种不同的口味，还有餐具盒，同样地也新建一个图层。最后还剩下天盖的部分，此时回到四个视图，见图6-10-17。

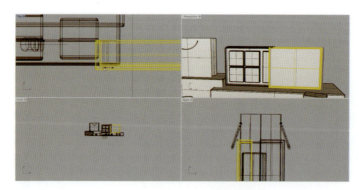

图6-10-17　回到四个视图

在顶视图中将天盖向左移动，选择炸开，选择最前面这个面，见图6-10-18。针对贴图的这个面新建图层37。

最下面的包装盒和上面的包装盒的材质是一样的，将其设置为图层31，见图6-10-19。

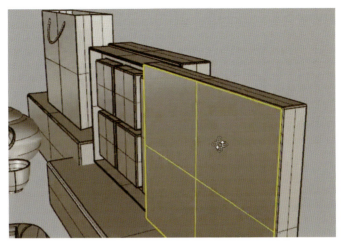

图 6-10-18　选择最前面的面

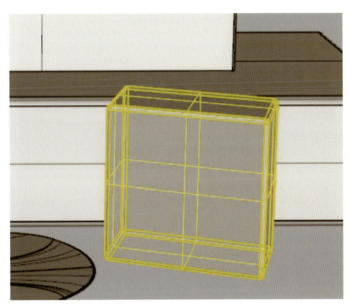

图 6-10-19　设置包装盒材质

再选择前面这个面并新建图层 38，将它设置为图层 38，再选择侧面并新建图层 39，设置为图层 39，见图 6-10-20。

图 6-10-20　创建图层 38 及图层 39

再整体查看有没有需要调整的地方，选择显示物件，将背景板全部显示出来，见图 6-10-21。

图 6-10-21　选择显示物件

接着选择物件查看，检查有没有重复设置的地方，若存在重复设置则在后期渲染软件中进行调整，见图 6-10-22。

接着查看下方工具栏中的图层，共显示有 40 个图层，见图 6-10-23。

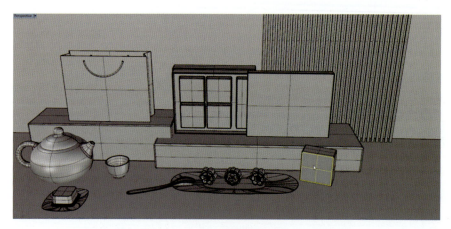 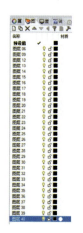

图 6-10-22　选择物件查看　　　　　　　　　　图 6-10-23　显示图层

将模式调整为渲染模式，预览效果见图 6-10-24。

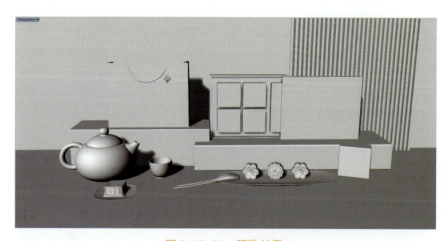

图 6-10-24　预览效果

查看上面所有的物件有没有贴合到底部背景板上，将前视图最大化，并进行优化调整，见图 6-10-25。物件如果没有贴合到背景板上，在后期的渲染中就不会产生投影，所以在渲染之前一定要将其调整好。接下来调整勺子角度，见图 6-10-26。

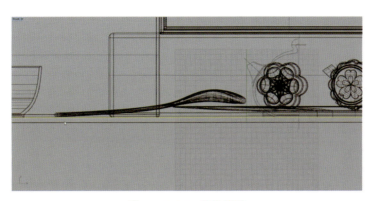

图 6-10-25 优化调整

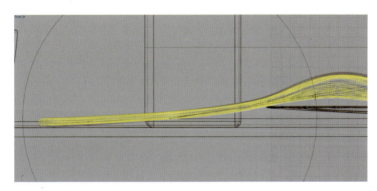

图 6-10-26 调整勺子角度

调整好之后再放大视图查看有没有其他需要调整的地方。此时在月饼这里发现了多余线条,见图 6-10-27。

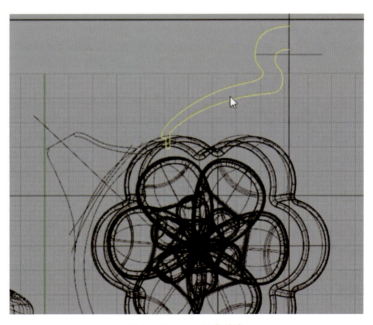

图 6-10-27 多余线条

这可能是导入的模型中自带的,选择线条并将它们删除,见图 6-10-28。

图 6-10-28　多余线条处理后

再回到四个视图检查所有的细节，调整完毕后见图 6-10-29。

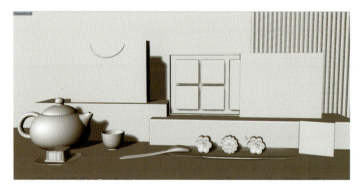

图 6-10-29　调整完毕

6.11　KeyShot 渲染——包装盒贴图与多种材质的呈现

打开 KeyShot 软件，在画面的左边和右边分别有两个工具栏，见图 6-11-1。左边工具栏主要是针对材质、颜色、环境、纹理及背景的设置。右边工具栏主要是针对材质各项参数的调整，以及场景材质、环境相机图像的一些设置。

图 6-11-1　两个工具栏

将上一节课的模型直接导入进来，方向设置为 Z 轴，导入模型设置见图 6-11-2。导入之后为漆黑一片，因为没有对其赋予任何材质。

首先将竖向背景板调整为白色，见图 6-11-3。

图 6-11-2　导入模型设置

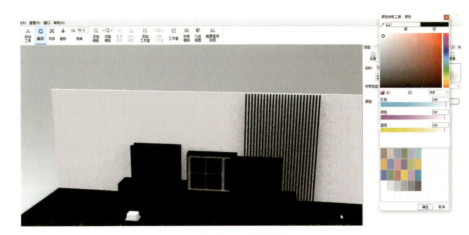
图 6-11-3　将竖向背景板调整为白色

再将底部背景板调整为白色，这样方便看清里面的物件，见图 6-11-4。

图 6-11-4　将底部背景板调整为白色

下面进行材质上的调整。双击手提袋的这个面，选择纹理，再选择颜色，找到导出的贴图，找到贴图文件并打开，见图 6-11-5。

此时上面的这个贴图和物件是没有对齐的，将对准模型改为对准部件。再双击编辑材质，将"漫反射"改为"塑料"，见图 6-11-6，再调整它的粗糙度和折射指数。

为了打造一种磨砂的质感，可适当增加粗糙度；为了让纸的材质看起来更加逼真，可适当调整折射指数。调整参数后效果见图 6-11-7。

图 6-11-5 导出贴图文件

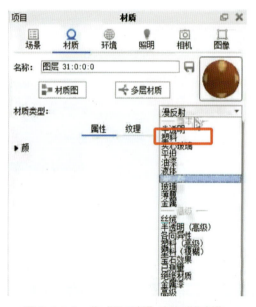

图 6-11-6 将"漫反射"改为"塑料"

图 6-11-7 调整参数后效果

再双击手提袋的绳子,将颜色改为红色。选择吸管工具吸一下红色。再选择手提袋这个面,在纹理这里调整它的亮度,见图 6-11-8。

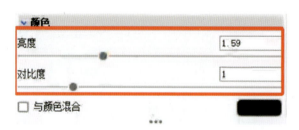

图 6-11-8 调整亮度

双击下面的材质,选择吸管工具,将后面的手提袋的材质改为红色,见图 6-11-9。

选择月饼盒,选择一个贴图,将对准模型改为对准部件,见图 6-11-10。

图 6-11-9　将后面的手提袋的材质改为红色

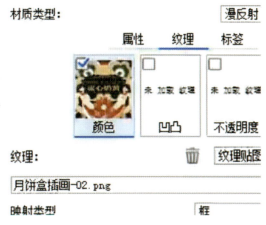

图 6-11-10　将对准模型改为对准部件

采用同样的方法将这四个月饼盒贴上贴图。贴图素材见图 6-11-11。贴图效果见图 6-11-12。

图 6-11-11　贴图素材

图 6-11-12　贴图效果

再选择月饼盒侧面的材质,选择吸管工具吸一下旁边手提袋的颜色,效果见图 6-11-13。

图 6-11-13 填充月饼盒侧面颜色

双击进入贴图的部分，在纹理处将贴图的亮度调高，见图 6-11-14。

图 6-11-14 将贴图的亮度调高

将"漫反射"调整为"塑料"，在纹理处调整粗糙度及折射指数。此时这个贴图的边上有一个小白边，见图 6-11-15，所以要在纹理处调整贴图的宽度及高度。

图 6-11-15 贴图的边上显示白边

先将贴图亮度调高，再调整贴图的尺寸。参数输入见图 6-11-16，按 Enter 键确定后这条白边就消失了。

图 6-11-16 参数输入

接下来调整粗糙度和折射指数,让它们看起来更自然、更有质感。再调整贴图的尺寸,宽度调整为 72 mm。

若折射指数偏高,则会显示反光,见图 6-11-17,此时需要增加粗糙度,降低折射指数。

图 6-11-17 折射的指数偏高导致反光

接下来采用同样的方法反复调整它们的各项参数,使其达到最佳状态。调整好之后选择餐具盒的正面,选择纹理颜色,将它贴一个图,这里选择贴一个 Logo 在上面,见图 6-11-18,并将对准模型改为对准部件。

图 6-11-18 在餐具盒上贴 Logo

将材质类型改为塑料,见图 6-11-19,此时折射指数非常高,需要将它调整一下,调出一个磨砂的质感，再在纹理处调整它的亮度。

图 6-11-19　将材质类型改为塑料

选择天盖的部分，再选择颜色，见图 6-11-20，找到天盖的贴图，将材质类型改为塑料，并调整粗糙度及折射指数。

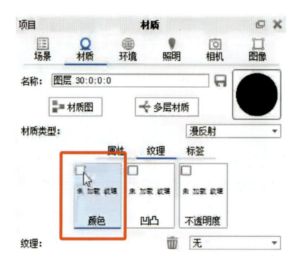

图 6-11-20　选择颜色

在纹理处将贴图的亮度再调高一点。输入参数后点击确定，礼盒成品见图 6-11-21。

图 6-11-21　礼盒成品

内托的颜色并不是红色,而应该为浅黄色,在之前的建模及材质分层中没有处理好,所以这两个材质连接成一块了,失误见图6-11-22。

图6-11-22 两个材质连接成一块

在场景这里先找到这个内托的图层,手动解除材质连接,见图6-11-23。

接着对内托单独赋予材质。选择浅金色,尽量偏灰一点,颜色参数见图6-11-24。

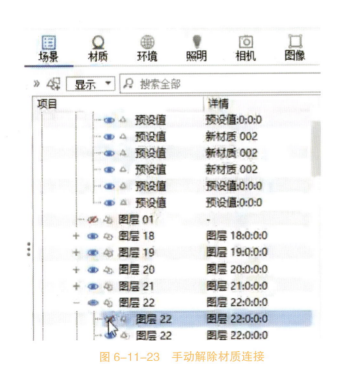

图6-11-23 手动解除材质连接

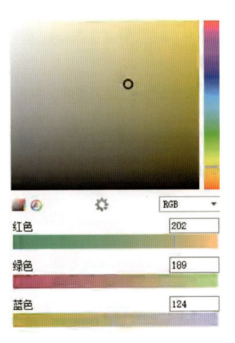

图6-11-24 颜色参数

调整好之后点击确定,然后双击EVA内托材质,见图6-11-25,选择吸管工具,吸取一种红色。

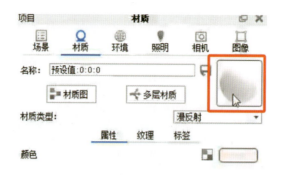

图 6-11-25　双击 EVA 内托的材质

此时背景板和 EVA 内托被赋予同一种材质，故采用同样的方法在场景这里找到材质，解除材质连接。如果解除失败，则需要重新试一遍，有可能是没有找对图层。

将 EVA 内托的材质调整为偏深一点的酒红色。调整好之后点击确定，见图 6-11-26。颜色如果不合适，后期还可以继续调整。

图 6-11-26　调整材质

缩小视图查看整体效果，见图 6-11-27，再根据画面的变动调整其他部件的色彩。

图 6-11-27　整体效果

下面调整展台，选择吸管工具，吸取跟手提袋一样的红色，这个红色的饱和度尽量比手提袋低一点。调整后展台呈现效果见图 6-11-28。

设计实践——中秋月饼礼盒包装设计与效果图展示　第六章

图 6-11-28　展台呈现效果

调整好之后选择底部背景板，将它也调整为红色，见图 6-11-29。再将展台材质改为塑料，并增加它的粗糙度及折射指数。

图 6-11-29　将底部背景板调整为红色

下面对茶壶赋予一种材质。双击茶壶，将材质改为塑料，将颜色改为白色，见图 6-11-30。

图 6-11-30　将茶壶改成白色

接着调整它的粗糙度及着色指数，可以将着色指数调高一点。

选择底部的月饼盒，在纹理处选择颜色，见图6-11-31。

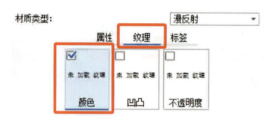

图6-11-31　选择颜色

找到流心奶黄的贴图，直接贴上来，见图6-11-32，将对准模型改为对准部件。

图6-11-32　贴上流心奶黄贴图

双击贴图并在纹理处修改贴图尺寸，将宽度尺寸调整为72 mm。亮度也调高一点，将材质类型改为塑料并调整粗糙度及折射指数。采用同样的方法调整侧面各项参数。

在这个过程中应随时调整其他物件的各项参数。如选择手提袋，再选择纹理，调整它的亮度及折射指数，效果见图6-11-33。

图6-11-33　手提袋调整后

调整完成之后，对放月饼的盘子及其旁边的勺子赋予金属材质，见图6-11-34。

图6-11-34　赋予金属材质

再选择月饼，发现这个月饼并没有真正地贴合在盘子上面，而是处于悬空状态，见图6-11-35，所以要手动调整一下。

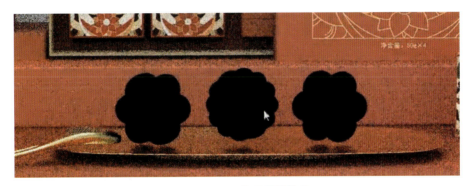

图6-11-35　发现月饼悬空

单击鼠标右键，选择移动部件，沿着箭头向下拉。或者选择场景，找到这个图层，再单击鼠标右键移动，通过拖动箭头来移动这个部件的位置，见图6-11-36。

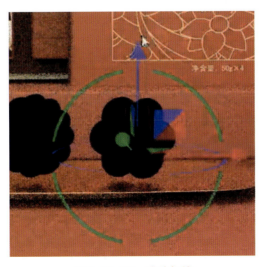

图6-11-36　移动部件

同样的操作，找到另一个月饼的图层，并将它移动贴合到盘子上面。第三个月饼也采用同样的方法移动部件，然后点击右边绿色的对勾，见图6-11-37。

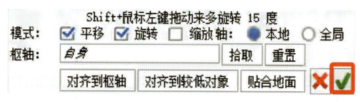

图 6-11-37　点击右边绿色的对勾

　　双击第一个月饼的材质,将其颜色调整为奶黄色,见图 6-11-38。将材质类型改为塑料,再调整它的粗糙度及折射指数。再采用同样的方法调整第二个及第三个月饼的颜色。

　　左边这个月饼盒是透明的,故对其选择玻璃材质。再选择下面的盘子,将茶壶的材质粘贴过来。再双击这个塑料盒,找到这个涂层并将其隐藏起来,见图 6-11-39。

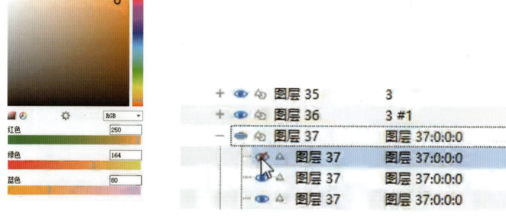

图 6-11-38　奶黄色数据　　　　　图 6-11-39　隐藏塑料盒

　　我们找到这个月饼,再接着找到月饼的图层。将其材质类型改为塑料,可以直接对其复制粘贴一种颜色。或者将它直接保存成材质球并存放于材质库中,输入"月饼"可显示保存的材质球,见图 6-11-40,直接拖过来用就可以了。

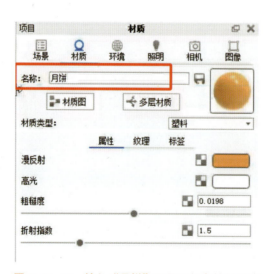

图 6-11-40　输入"月饼"可显示保存的材质球

　　随后再调整它的参数。再将隐藏的塑料盒呈现出来,见图 6-11-41。

设计实践——中秋月饼礼盒包装设计与效果图展示　第六章

图 6-11-41　塑料盒呈现

选择竖向的背景板，将其调整为浅金色，效果见图 6-11-42。

图 6-11-42　竖向背景板调色

再来调整木质栅格，在材质库中选择一个比较合适的木质材质球直接拖过来，效果见图 6-11-43。

图 6-11-43　选择木质材质球

接下来调整环境光。选择环境光，见图 6-11-44，可以一个个拖进来看一下效果，也可以通过调节光源点来调整整体的光感，见图 6-11-45。

图 6-11-44　选择环境光　　　　图 6-11-45　调节光源点

选择茶壶，调整一下茶壶的颜色，因为画面亮度调高导致整个茶壶曝光过度，把它的漫反射及高光调暗一点，成品见图 6-11-46。

图 6-11-46　茶壶颜色调整

调整好之后选择复制材质，把这个杯子的材质也调整一下。或者直接复制刚刚调整过的茶壶材质，再粘贴到杯子上面来。也可以选择月饼的贴图，再进入编辑中调整各种参数。

调整好之后进入相机视图，见图 6-11-47，调整整个画面的距离及方位角。

距离越大，画面中的物件就会越大。所以要反复调整到理想的渲染角度及大小。

选择背景板，将饱和度调低一点，见图 6-11-48。

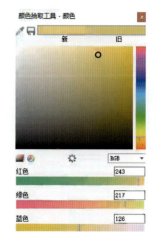

图 6-11-47　相机视图　　　　图 6-11-48　背景板饱和度调低

在图像视图中,增加暗角的强度,增加画面的暗部,让整个画面看起来更加有质感。调整之后,整体效果见图 6-11-49。

图 6-11-49　整体效果

此时点击画面下方工具栏中的"渲染",弹出一个输入窗口,将这个文件夹保存在桌面上。像素数据见图 6-11-50。

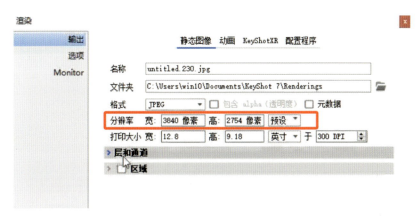

图 6-11-50　像素数据

点击"层和通道",设置详细数据,见图 6-11-51,然后直接点击"渲染"就可以了。

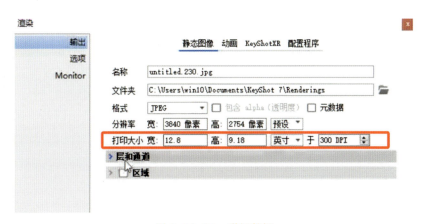

图 6-11-51　详细数据

在渲染的过程中,画面左上角会出现正在渲染的参数,见图 6-11-52。当渲染参数达到 100% 时,这个图就已经渲染完成了。

图 6-11-52　渲染参数

此时画面会出现一个绿色对勾,见图 6-11-53。只需要点击这个对勾,它就会保存在刚刚设置的文件夹里,也可以选择文件,并保存成文件包。

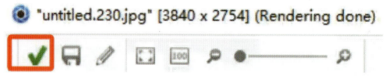

图 6-11-53　出现绿色对勾

保存成文件包可以避免后期在其他电脑打开它的时候不会丢失材质或者贴图。最终效果见图 6-11-54。

图 6-11-54　最终效果

课后思考

1.请简述中秋月饼礼盒包装设计的前期准备工作流程,并说明其重要性。

2.在包装插画线稿绘制过程中,如何确保线条的流畅性和准确性?请结合具体步骤进行说明。

3.试分析内插口盒和天地盖礼盒的刀模绘制过程中需要注意的关键点,并举例说明如何避免常见错误。

4.请描述在 KeyShot 渲染过程中,如何通过贴图与多种材质的呈现来提升包装效果图的真实感和视觉冲击力。

Shijue Wen-chuang Sheji

第七章
设计实践——自封口纸袋香薰片系列包装设计

内容概述

本章主要介绍了自封口纸袋香薰片系列包装设计的全过程，涵盖了从设计前期准备工作到最终效果图渲染的各个步骤。具体内容包括设计前期准备，强调严谨的设计思路；插画设计，涉及基本构图、元素整合和配色；包装排版设计，确保文字和图形在不同设备上显示一致；纸袋的刀模绘制，详细说明了绘制步骤和注意事项；包装效果图的 3D 建模，介绍了使用犀牛软件进行建模的基础工具运用；效果图渲染，通过 KeyShot 软件展示材质和纹理的应用，最终完成香薰片包装的效果图。通过本章的学习，读者可以全面了解自封口纸袋香薰片系列包装设计的完整流程和关键技巧。

学习目标

（1）掌握自封口纸袋香薰片系列包装设计的完整流程，包括前期准备、插画设计、包装排版设计、纸袋的刀模绘制、包装效果图的 3D 建模及效果图渲染等步骤。

（2）学习如何使用犀牛软件和 KeyShot 软件进行 3D 建模和渲染，提升包装设计的立体表现力和视觉效果。

（3）理解在包装设计过程中，如何确保文字和图形在不同设备上显示的一致性，确保设计方案在实际应用中的准确呈现。

学习难点

学习难点在于香薰片包装设计的全流程实践。学生需要了解产品特点，进行严谨的设计思路规划，从插画设计、配色、排版到建模和渲染，每个环节都需要细致入微的操作和设计思考，确保最终包装设计既美观又实用。

7.1 设计前期准备——流程详解

包装设计阶段主要分为八个步骤，见图 7-1-1。

了解 品牌理念　研究 行业视觉以及目标消费行为　挖掘 包装设计元素　提炼 设计思路　定位 设计风格　分析 包装结构 包装工艺　设计 包装的系列化视觉　呈现 包装效果

图 7-1-1　包装设计阶段的步骤

下面通过一款香薰片的系列包装设计案例进行具体讲解（图 7-1-2）。

首先要了解这个产品，此品牌的香薰片一共分为三种香型，每一种都是由几种原料调制成的，包括木质香型、淡花香型以及花香型，见图 7-1-3。

图 7-1-2 香薰片系列包装设计

图 7-1-3 香型及原料

从市场营销的理念来说，顾客的需求和欲望是中心点和出发点，设计者应根据市场的需求，发掘出商品的目标消费群，从而拟定商品的定位与包装风格，见图 7-1-4。

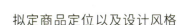

图 7-1-4 市场营销概念

香薰片的消费人群以年轻的女性为主，所以要打造符合这类人群审美的包装。及时掌握同类竞争产品的商业信息，对于设计师来说是调研中必不可少的重要环节。此环节主要从材料、造型、结构、色彩、图形及文字等方面去分析，见图 7-1-5。

及时掌握竞品信息

材料　造型　结构　色彩　图形　文字

图 7-1-5 产品调研定位

从调研中可以看出，整体流行趋势是极简风，见图 7-1-6，通常这个风格画面的设计内容仅有品牌的 Logo，产品的名称、卖点或者一些小图标，这种简约高冷的设计非常符合现代年轻女性的审美。

紧接着挖掘包装设计元素，见图7-1-7。芬芳乌木香是由檀香木、柏木、麝香调成的，通过这些原料可以联想一些元素，如木头的木纹、树的年轮、树叶等，这些都可以作为画面的元素，从而展开设计。

图7-1-6　极简风包装　　　　　　　　　　图7-1-7　挖掘包装设计元素

蓝风铃的延伸元素就是它们本身，如风铃草、茉莉、百合等，见图7-1-8。

柏林少女的延伸元素为玫瑰、橙花、杨梅，见图7-1-9。

图7-1-8　蓝风铃延伸元素　　　　　　　　图7-1-9　柏林少女延伸元素

下面来确定设计风格。市场上大部分的同类设计都是简约风，设计者可在此风格基础上结合插画进行设计，把这种简约风做得更有冲击力，能够激发消费者的购买欲，增强广告的说服力，强化商品的感染力。

设计思路演变见图7-1-10。尽可能把插画当作底纹，再结合极简风的标签，不仅能提高商品的格调，而且能从侧面体现企业的品牌理念和文化附加值，提高包装的辨识度。

借助抽象风格的插画可以很容易地表达情绪、表达感受，故其比较适合香薰类的包装，见图7-1-11。

图7-1-10　设计思路演变　　　　　　　　图7-1-11　抽象风格插画

在元素选择方面，可以在此抽象元素的基础上增加一些相对具象的元素，如点线面类型元素，这种点缀元素能够丰富整个画面，元素选择思路见图7-1-12。

通过前面的环节已经基本确定了设计方向。接下来要分析这个包装结构，如采用铁丝自封口方底纸袋，见图7-1-13。它的优点在于封口上有两根镀锌铁丝能够将纸袋的口部连成一体，不仅成本低廉，而且可以反复使用，避免资源浪费。

设计实践——自封口纸袋香薰片系列包装设计　　第七章

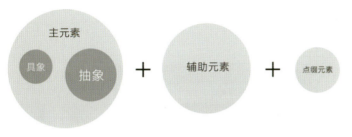

图 7-1-12　元素选择思路

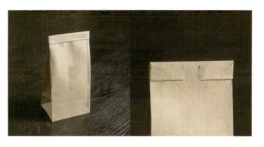

图 7-1-13　铁丝自封口方底纸袋

7.2　插画设计——基本构图

香薰类的包装可采用扁平抽象风格的插画。因为抽象风格的插画可以很容易地表达情绪，比较适合香薰类的包装，见图 7-2-1。

图 7-2-1　适合香薰类的包装插画

根据上一节的分析，设计者可以在抽象元素的基础上添加一些相对具象的元素，然后在这些元素的基础上再添加一些辅助元素及点缀性元素。

上一节已进行插画的构图分析，相关案例见图 7-1-11。此案例采用大面积色彩，构图非常饱满，而本产品也采用此类元素先把整个画面铺满，并将其作为底纹。

下面开始进行绘制，打开包装尺寸，显示为 78 mm×130 mm。在插画面板中，宽度输入"78"，高度输入"130"，将文件命名为"香薰片插画"，数据见图 7-2-2。

选择颜色模式下的 CMYK 颜色，点击"创建文档"，再打开包装尺寸，其正面显示 78 mm×117 mm，也就是说它上面还有一个封口条区域，高度为 13 mm。选择矩形工具，宽度输入 78 mm，高度输入 13 mm，数据见图 7-2-3，按 Enter 键确定。

图 7-2-2　插画面板数据

图 7-2-3　矩形数据

将它移到画面的正上方，关闭描边，填充为灰色，见图 7-2-4，按 Ctrl+R 进行锁定。

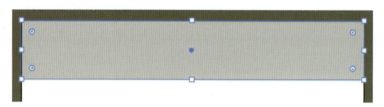

图 7-2-4　矩形填充为灰色

下面选择钢笔工具来绘制插画。首先将画面分成几个很大的色块，构想一下大致的整体效果，整体的线条为弧线，这样整个画面会非常柔和。先确定一个点进行弧线绘制，见图 7-2-5。

接下来再确定几个点进行色块形状绘制，见图 7-2-6。

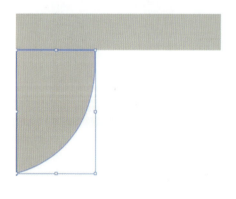

图 7-2-5　弧线绘制

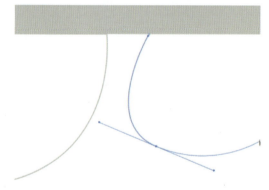

图 7-2-6　色块形状绘制

接着再画几条弧线，将画面划分成几个大区域，见图 7-2-7。

已绘制好的圆弧形线条所表达的是树根的形态。因为有一款香型为芬芳鸟木香，它跟这个木头造型也是有一点关系的，同时这个元素出现在此包装上，可以突出产品的天然性。

运用路径选择工具调整线条的流畅度，调整过后见图 7-2-8。

选择钢笔工具，在中间的位置画若干条曲线，将其划分为一些小区域，见图 7-2-9。

大致的区域划分好之后给画面增加一些辅助元素效果。选择钢笔工具，在右上角画一些像年轮一样的线条，见图 7-2-10，并运用路径选择工具调整形态。

第七章 设计实践——自封口纸袋香薰片系列包装设计

图 7-2-7　将画面划分成几个大区域

图 7-2-8　线条调整过后

图 7-2-9　划分小区域

图 7-2-10　右上角线条绘制

接着在左上角也画一些类似年轮的线条，见图 7-2-11。这些线条的弧度没有必要一样，需要画得相对随意一点，毕竟是抽象性的插画。随后运用路径选择工具调整一下。

调整好之后采用同样的方法进行下方线条绘制，见图 7-2-12。

在运用钢笔工具的时候，一定要控制好锚点，最后一定要选择闭合路径。此时香薰片插画的大致构图就已经绘制完成了，整体效果见图 7-2-13。

图 7-2-11　左上角线条绘制

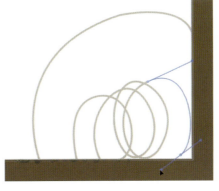

图 7-2-12　下方线条绘制

图 7-2-13　插画整体效果

7.3 插画设计——元素整合

本节主要绘制一些比较具象的元素。首先运用钢笔工具进行叶子的纹路绘制,见图7-3-1。

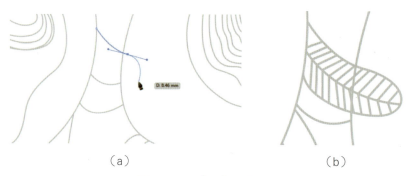

(a)　　　　　　　　　　　(b)

图7-3-1　叶子的纹路绘制

在画面的右下角画几片叶子并调整形态,见图7-3-2。

叶子画好之后,在这个画面的右边增加一些色块元素,见图7-3-3。

图7-3-2　右下角叶子形态绘制　　图7-3-3　叶子色块形态绘制

选择钢笔工具,画一些像树枝一样的形状,同时调整它的圆角,见图7-3-4。

接着绘制一个波浪的点线面元素,先画一半,再选择Alt键复制一个出来,将两条线连接在一起,再用路径选择工具调整弧度,见图7-3-5。

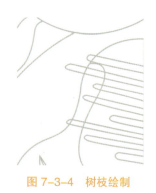 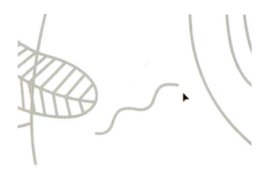

图7-3-4　树枝绘制　　　　　图7-3-5　点线面元素绘制

接着框选并进行编组。选择 Alt 键复制 5～6 个就可以了，效果见图 7-3-6。
选择已绘制好的线条，调整它们的位置及大小，成品见图 7-3-7。

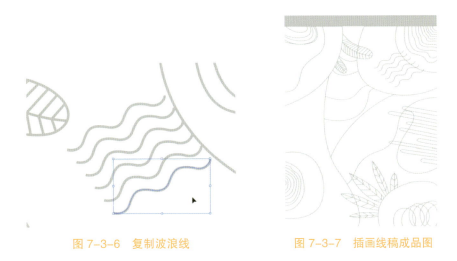

图 7-3-6　复制波浪线　　　　　图 7-3-7　插画线稿成品图

有一些元素可以运用素材来代替。打开素材库，找到树叶文件，见图 7-3-8。

图 7-3-8　找到树叶文件

将上述叶子拖到画面的左侧。选择吸管工具吸一下线的设置。选择修改工具，再吸一下线的设置，将其演绎上来，见图 7-3-9。

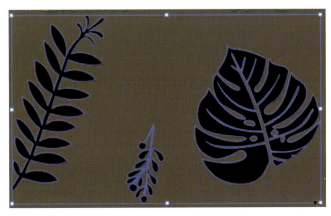

图 7-3-9　树叶导入框选

接着选择钢笔工具增加一些画面的细节，整体效果见图 7-3-10。

同样地，再画一片叶子出来，运用路径选择工具调整它的大致形态。再将其演绎上来，选择吸管工具吸一下。接着再选择钢笔工具，在下面增加一些小树叶，见图7-3-11，用来点缀整个画面。

图7-3-10　整体效果　　　　　图7-3-11　增加小树叶

运用路径选择工具调整叶子的形态。叶子的纹理画好之后，框选并按Alt键复制一个出来，再旋转它的角度，调整其他叶子的位置并进行缩放，叶子摆放位置见图7-3-12。

现在整个画面所有的元素基本上已经确定下来了。此香薰片一共有三种不同的香型，可通过更换上面的具象元素来表现不同的产品。此时可以看到画面中有很多重合的线条，见图7-3-13，需要选择剪刀工具，将重合的线条裁切并删除。

有一些线条不需要删除，比如这片叶子，因为它们都是独立的元素，可以单独进行填色，后期再将其置于顶部，这样下面的线条就看不见了。但有一些并非单独闭合的元素，必须将重合的线裁切，以方便后期填色。

选择侧面所有的元素，按Ctrl + G进行编组，方便后期填色，再选择三个独立的元素，按Ctrl + Shift +]置于顶部。

此香薰片包装插画的所有元素就已经整理好了，见图7-3-14。

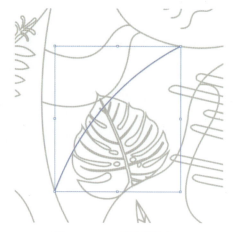

图7-3-12　叶子摆放位置　　　图7-3-13　重合的线条　　　图7-3-14　整体调整之后的效果

7.4 插画配色——绿色调

本节进行香薰片插画配色。它一共有三种香型，分别是芬芳乌木香、蓝风铃和柏林少女，见图7-4-1。针对这三种香型分别提取一些元素。

图7-4-1 三种香型

芬芳乌木香见图7-4-2，乌木给人的第一印象就是绿色加褐色，故将其确定为绿色调。

蓝风铃主要由风铃草、茉莉、百合调制而成，见图7-4-3。它们的颜色偏白，也比较清新，故将其确定为蓝色调。

图7-4-2 芬芳乌木香

图7-4-3 蓝风铃

柏林少女是由玫瑰、橙花、杨梅等调成的，见图7-4-4。玫瑰主要为红色，所以此香型采用红色调。

三个色调基本确定之后，接下来介绍一些配色的技巧。包装设计中不同的设计主体所表达的目标是不一样的。可以通过对主体或素材吸取颜色，运用到自己的配色上。当然也不能一味地只吸取，不改变，需要做一些微调，以协调整个画面。下面介绍包装设计的色彩搭配。

画面的色彩主要包括主色、辅助色和点缀色。主色是最主要的颜色，在整个画面中的面积比例为50%～60%，见图7-4-5。香薰片采用的绿色调、蓝色调和红色调就是画面的主色。

辅助色和点缀色要围绕主色进行选择和搭配，以便让整体画面看起来非常和谐。辅助色的面积比例一般为30%～40%。点缀色的面积比例一般为15%以下。点缀色面积虽小，但却起到画龙点睛的作用。接下来进行具体操作。

打开上一节绘制的香薰片插画，见图7-4-6。

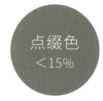

图 7-4-4　柏林少女　　　　　　　　　图 7-4-5　色彩搭配颜色比例

主色调已确定为绿色，接着要思考用什么样的绿色才比较合适，以及辅助色、点缀色运用什么颜色。

首先确定辅助色，辅助色采用主色的邻近色，如黄色或者黄绿色。点缀色面积比较小，可以选用橙色。颜色卡见图 7-4-7。

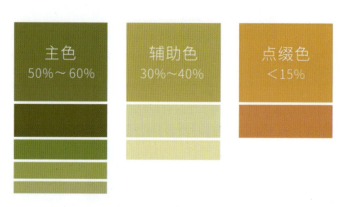

图 7-4-6　香薰片插画　　　　　　　　　图 7-4-7　颜色卡

上一节已确定了香薰片的三个独立元素，它们可以单独进行填色。选择这三个元素，按 Ctrl + R 进行锁定，见图 7-4-8。

将上面的封口移开之后，发现还有一些线条没有闭合，见图 7-4-9，故选择钢笔工具将它们进行闭合。

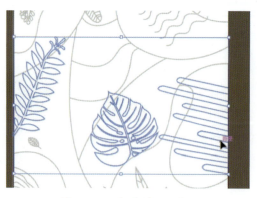

图 7-4-8　框选独立元素　　　　　　　　图 7-4-9　没有闭合的线条

起装饰作用的元素是不需要进行填色的，故将其区分开。

首先锁定大面积色块，见图 7-4-10，将它们进行编组，把描边取消，选择实时上色工具。

打开拾色器，选择一种绿色进行填充，若此绿色太深了，则先将其移出来，见图 7-4-11。

图 7-4-10 锁定大面积色块

图 7-4-11 移出大色块

先填相对比较深的颜色,数据见图 7-4-12。

接着再吸取稍微浅一点的黄绿色,效果见图 7-4-13。可以通过多次尝试找到自己满意的配色。

图 7-4-12 深色数据

图 7-4-13 浅一点的黄绿色表现效果

接下来填充浅色部分,注意要把这些颜色分隔开。选择米黄色,数据见图 7-4-14,中间的颜色尽量浅一点,主体物是放在正中间的。

此画面的主色是偏黄一点的深绿色,辅助色是它的邻近色,如绿色系或黄绿色系。通过不断的尝试来调整画面的颜色,见图 7-4-15。

图 7-4-14 米黄色数据

图 7-4-15 辅助色调整后

主色和辅助色确定之后，再来填充点缀色，可将其填充到面积较小的叶子上面，选择偏红一点的橙色来进行填充，见图7-4-16，不断调整颜色以便找到比较舒适的状态。

此时画面的大色块基本已经填满了。按 Ctrl + Shift + [置于底部并点击扩展，这样后期取消编组就可以一个一个来更换颜色，非常方便，效果见图7-4-17。按 Ctrl + R 进行锁定，再按 Ctrl + Alt + R 进行解锁，按 Ctrl + R 锁定底图。

下面来填充上面这些元素。首先选择偏亮的颜色，取消描边。再调整它的颜色，尽量偏黄一点，整体填充后见图7-4-18。

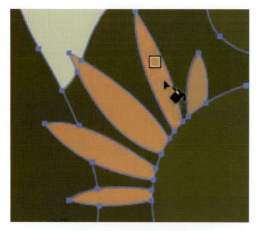
图 7-4-16　叶子填充效果

图 7-4-17　色卡置于底层并调整后

图 7-4-18　元素填充

接着增加一点波纹的元素。吸一下叶子的黄色，将填充和描边互换，描边增大后见图7-4-19。

然后吸一下这个年轮的线条，将黄色描边增大到1。再将描边颜色调浅一点，调整后见图7-4-20。

图 7-4-19　波纹元素描边增大后

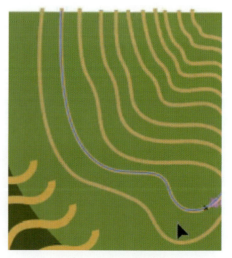
图 7-4-20　年轮调整后

选择左下角的年轮，将颜色填充为白色。下面这个线也是一样，选择吸管工具，吸一下上面线的设置。再框选叶子上所有的纹路，按 Ctrl+G 进行编组，将它的描边调小一点，两边调成偏红的颜色。关掉填充，再进行编组，元素调整后效果见图7-4-21。

框选小树叶。再吸一下上面的黄色，将描边调整为0.5，见图7-4-22。

接下来还剩下一个比较关键的主体物，也就是叶子。选择叶子，将描边和填充互换，找一种偏黄绿的颜色。此时所有元素的颜色都已经填充完毕，整体色调见图7-4-23。

按Ctrl+Alt+R进行解锁，再点击鼠标右键取消编组，这样它就变成了一个一个的色块，以方便进行调整。

所有的颜色调整好之后，接下来要加一些点缀性的元素。选择椭圆工具，在左下角画一个小圆形，将它填充为白色。再按Alt键多复制几个，效果见图7-4-24。

图 7-4-21　元素调整后效果　　图 7-4-22　调整小树叶　　图 7-4-23　整体色调　　图 7-4-24　小圆点绘制

此白色的小圆点像星星一样点缀整个画面，提亮整个画面的颜色。可通过不断的复制将它复制到画面的各个角落，小圆点整体效果见图7-4-25。

由于小圆点的形态过于单一，故再画一些其他形状的图形。选择钢笔工具，绘制一个形态像大米一样的图形，见图7-4-26。

选择Alt键复制一个到另一边，并将其变换不同的角度进行放大或缩小，改变它的形态。再选择其中一些小圆点，将它填充为其他颜色，如黄色、橙色或者绿色。多种颜色圆点混合后见图7-4-27。

 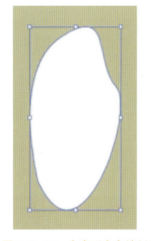

图 7-4-25　小圆点整体效果　　图 7-4-26　大米形态点绘制

按Ctrl+Alt+R将底图进行解锁，再进行细节上的调整，经过调整之后，此绿色芬芳鸟木香的插画就基本绘制完成了，见图7-4-28。

图 7-4-27　多种颜色圆点混合后　　　　图 7-4-28　芬芳乌木香插画整体效果

7.5　插画配色——蓝色调

本节进行的是蓝风铃插画配色。首先确定较深的颜色，见图 7-5-1。

蓝风铃的主色调为蓝色，辅助色及点缀色可以采用黄色或者橙色，采用色系见图 7-5-2。

先确定这个蓝色，再选择吸管工具，吸取深一点的蓝色，并不断调整。右下角两个色块基本上都是大色块的同类色，采用绿色调，每个色块的色彩倾向是一样的，差距不应太大，效果见图 7-5-3。

选择这两个色块，见图 7-5-4，填充一个偏灰的蓝色。

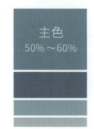

图 7-5-1　深颜色确定　　　　　　　　图 7-5-2　采用色系

再选择这四个色块，见图 7-5-5，找偏浅的蓝色。如果挑色很麻烦，可以提前找一些色卡，以便直接吸取颜色。

图 7-5-3　右下角色块填充　　　图 7-5-4　选择色块（1）　　　图 7-5-5　选择色块（2）

选择插画并取消编组，将上面的封口条改成蓝色，选择有一点偏绿的灰蓝色，效果见图 7-5-6，这样比调色方便一些。

图 7-5-6　封口条改色

选择左下角的半圆形，调成浅一点的灰蓝色。再选择右上角的半圆形，吸一下刚刚设置的颜色，见图 7-5-7。

选择底部的波纹线，将其调整为橙色，见图 7-5-8。

图 7-5-7　调整颜色（1）　　　　　图 7-5-8　调整颜色（2）

同样地，将年轮调成橙色，左边的树叶调成淡黄色。再选择下面的叶子，调成偏灰的橙色，效果见图 7-5-9。

下面需要更换主体物，也就是叶子。选择波纹元素，吸下面的橙色，将描边调粗一点，见图 7-5-10。

图 7-5-9　调整颜色（3）

图 7-5-10　调整描边

再调整一下其他色块的色彩。选择叶子的纹路，将叶子调整为亮一点的橙色，所有的颜色大致确定之后，打开素材库，找到百合花的素材，见图 7-5-11，将它直接拖进来。

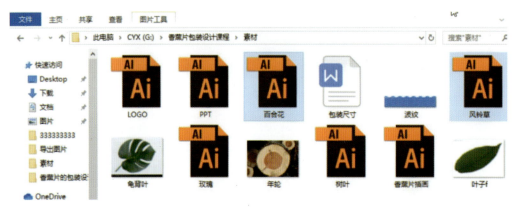
图 7-5-11　百合花的素材

在画板中对百合花素材进行缩放，将其中的两个花瓣调成蓝色，见图 7-5-12。

选择上面的所有图案进行编组，再按 Ctrl+R 进行锁定，把百合花放上去进行调整。选择所有的花瓣，吸一种偏亮的蓝色，见图 7-5-13。

接着选择花蕊的部分，将部分花蕊调成白色，另外两个花蕊调成灰蓝色，见图 7-5-14。

图 7-5-12　填充花瓣

图 7-5-13　花瓣颜色调整

图 7-5-14　花蕊颜色调整

根据画面不断地调整百合花，调好之后放大视图，若发现有些线条没有处理好，可选择路径选择工具进行调整。

选择风铃草素材直接拖进来，见图 7-5-15，把描边调小一点，放在画面的左上角。

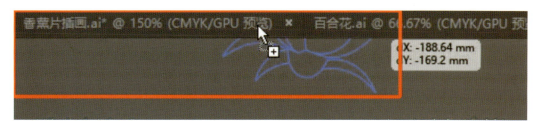

图 7-5-15　拖入风铃草素材

选择吸管工具吸一下黄色，再将描边与填充互换，旋转一下角度。上面还有两片叶子没有换颜色，按 Ctrl + Alt+ R 进行解锁，选择这两片叶子，选择吸管工具吸一下下面的蓝色，还有这个纹路，再选择吸管工具吸一下画面中的浅蓝色，见图 7-5-16。

根据画面的颜色变动调整这些小圆点的颜色。此时所有的颜色就已经调整好了。

框选所有图形并进行编组。蓝风铃插画整体效果见图 7-5-17。

图 7-5-16　风铃草描边颜色调整

图 7-5-17　蓝风铃插画整体效果

7.6　插画配色——红色调

本节进行柏林少女插画配色。柏林少女采用的是红色调，见图 7-6-1。

选择顶部封口色块，将它调整为偏深一点的红色，调整后见图 7-6-2。

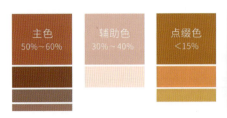
图 7-6-1　柏林少女采用色系

图 7-6-2　色块调整

再选取其他色块，选择吸管工具，吸一下画面中的红色。调出拾色器，选择它们的邻近色，如偏深的红色，具体数据见图 7-6-3。

画面选用橙色作为辅助色，这样可以达到整体协调的效果。画面局部配色见图 7-6-4。

图 7-6-3　拾色器数据

图 7-6-4　画面局部配色

再选择偏灰一点的类似于豆沙红的颜色。选择局部色块，将它填充为深一点的豆沙红，见图 7-6-5。

选择右上角的半圆形，再选择粉灰色，然后不断地根据画面的改变来调整整体色调，具体数据方位见图 7-6-6。

图 7-6-5　色块填充

图 7-6-6　具体数据方位

接下来开始填充浅色，选择中部四个色块，见图 7-6-7。

选择饱和度较低的灰粉色，接着吸取色块，见图 7-6-8。

再选择中部的大色块，它是整个画面中颜色最浅的，数据见图 7-6-9。

设计实践——自封口纸袋香薰片系列包装设计 第七章

图 7-6-7　框选所需色块　　　图 7-6-8　灰粉色数据吸取　　　图 7-6-9　画面浅色数据

将上面绿叶的元素拖出来，移除效果见图 7-6-10，再调整其他元素的色彩。

选择上面这两片绿叶，再用吸管工具吸一下下面的深红色。有纹路的地方，选择吸管工具吸一下叶子的黄色，再进行描边切换。绿叶调整后见图 7-6-11。

再根据画面的变动调整其他主元素的色彩。选择下面的线条，再选择吸管工具吸一下波纹的颜色，调整后见图 7-6-12。

图 7-6-10　绿叶元素移除后　　　图 7-6-11　绿叶调整后　　　图 7-6-12　画面线条调整

初步整体效果见图 7-6-13。再根据整体色调调整其他区域的色彩，尤其是浅色的部分，一定要反复尝试找到最终比较舒适的状态。

再选择下面的叶子，打开拾色器，将它调成深一点的黄褐色，具体数据见图 7-6-14。再将叶子纹路调成亮一点的黄色。

图 7-6-13　初步整体效果　　　图 7-6-14　叶子位置和颜色数据

打开素材库，选择玫瑰矢量文件，见图7-6-15，直接拖到画板中，并进行缩放。

接着旋转到一个比较合适的角度。再适当调整画面中的颜色，尤其是中间的浅色部分。选择玫瑰花，将玫瑰花拖到画面的正中心，见图7-6-16。

选择吸管工具，吸一下稍微深一点的红色，再进行缩放，并调整好位置。放大视图，发现玫瑰花有一部分是多余的，见图7-6-17。

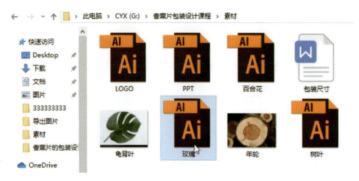

图7-6-15　选择玫瑰矢量文件　　　　图7-6-16　玫瑰花放置位置

选择橡皮擦工具，沿着边缘将多余的地方擦掉，操作见图7-6-18，再取消编组。再用路径选择工具调整锚点以及形态。

 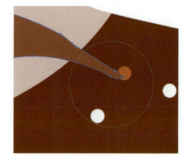

图7-6-17　玫瑰花多余线条　　　　图7-6-18　擦除多余边缘

选择玫瑰花，单击鼠标右键进行编组，再调整它的颜色，将多余的元素删除，效果见图7-6-19。

选择叶子的纹路，选择描边，将它调成偏深的橙色，数据见图7-6-20。

 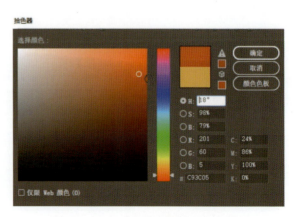

图7-6-19　多余元素删除后效果　　　　图7-6-20　叶子纹路描边调色数据

缩小视图观察一下，发现少了一个元素，需手动画一个杨梅的图形。选择椭圆工具，拉一个椭圆出来，再按 Alt 键复制一个，见图 7-6-21。

再选择剪刀工具，将中间重合的线裁切并删除，效果见图 7-6-22。

再运用钢笔工具绘制两片叶子，效果见图 7-6-23。

图 7-6-21　绘制杨梅　　　图 7-6-22　重合部位删除后　　　图 7-6-23　绘制叶子

由于没有找到合适的杨梅素材，所以只能手动去画。框选杨梅并进行编组，将其拖入画面中。按 Ctrl+Shift+] 置于顶部，见图 7-6-24。

选择吸管工具，吸一下叶子的橙色，效果见图 7-6-25。将其放大，再缩小视图，选择上面这些小点，调整它们的颜色。再框选所有图案，单击鼠标右键进行编组。

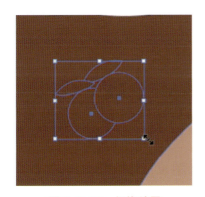 

图 7-6-24　杨梅放置　　　　　　图 7-6-25　杨梅上色

柏林少女插画整体效果见图 7-6-26。

此香薰片三种香型插画见图 7-6-27。

图 7-6-26　柏林少女插画整体效果　　　图 7-6-27　三种香型插画

7.7 香薰片包装排版——标签和内包排版设计

先绘制一个白色矩形作为标签,并将它放在中间位置,见图 7-7-1。再调整高度,选择对齐画板,将标签与画板进行居中对齐。

确定好位置及大小之后,按 Ctrl+C、Ctrl+F 进行原地复制,然后进行等比缩放,得到一个小的矩形。选择吸管工具,吸一下封口的绿色。将描边与填充互换,效果见图 7-7-2,再来调整小矩形的位置,并进行居中对齐。

图 7-7-1 标签放置位置

图 7-7-2 描边与填充互换

本次标签设计主打极简风,整体效果见图 7-7-3。

选择钢笔工具,运用线条的方式表现。在中间的位置画一条直线,再按 Alt 键复制一个直线到下面来,具体位置见图 7-7-4。用线条的方式将标签分割成几个块面,以便放置产品信息。

再选择剪刀工具,将多余的线条裁切并删除,效果见图 7-7-5。

图 7-7-3 整体效果

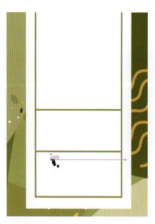
图 7-7-4 线条放置位置

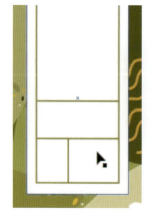
图 7-7-5 标签整体布局

选择这几条线进行编组,将描边增加到 1.25,见图 7-7-6。

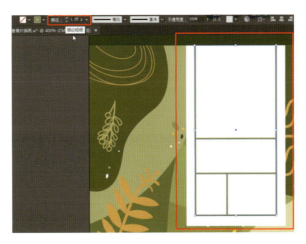

图 7-7-6　描边调整

打开素材库，将 Logo 直接拖进来，见图 7-7-7。

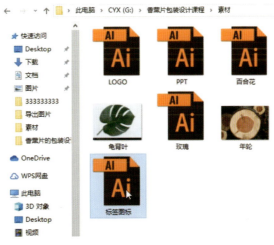

图 7-7-7　Logo 素材

直接将 Logo 拖到标签中进行缩放，再选择吸管工具，吸一下绿色，或者吸一下画面中的绿色，效果见图 7-7-8。

接着打开标签图标，将绿叶图标直接拖进来，放置位置见图 7-7-9。此绿叶图标更能凸显本产品的属性。

 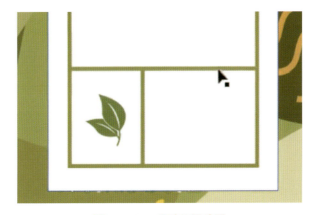

图 7-7-8　Logo 色彩调整　　　　图 7-7-9　绿叶位置放置

在中间的块面中，输入香薰片的英文翻译，见图7-7-10。再调整一下字体，使其具有现代感。

按Ctrl+T调出字符面板，见图7-7-11，调一下行间距及字间距。

选择吸管工具吸一下上面Logo的颜色，使这些颜色尽量统一。再选择字符工具，输入"芬芳乌木香"，标签整体效果见图7-7-12。

图7-7-10　输入香薰片的英文翻译

图7-7-11　调出字符面板

图7-7-12　标签整体效果

选择华文字体，再将文字进行右对齐，放在这个区域并进行放大。吸一下画面中的绿色。选择图标与文字，使其水平居中对齐。

接下来制作第二个和第三个标签，将插画分别进行编组。选择标签所有内容，按Ctrl+Alt复制一个，效果见图7-7-13。

选择上面的线，再选择吸管工具，吸一下画面中的蓝色，再切换描边和填充。Logo也是一样，吸一下画面中的蓝色，让画面颜色变得更统一。将所有的字体及图标都变成蓝色，调整之后见图7-7-14。

图7-7-13　复制标签

图7-7-14　标签调整

将标签图标拖进来，拖入的茉莉花素材见图7-7-15。

选择吸管工具，再吸一下蓝色。打开描边，并将其也变成蓝色。接着将描边稍微调小一点。在文字区域输入"蓝风铃"，见图7-7-16。

按Ctrl+T调出字符面板，调一下字间距，并选择图标与文字进行水平居中对齐。蓝风铃标签见图7-7-17。

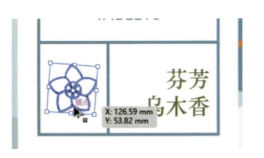
图 7-7-15 拖入的茉莉花素材

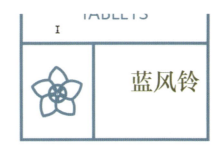
图 7-7-16 输入"蓝风铃"

接下来绘制柏林少女标签,同样地,按 Ctrl 键复制一个,并采用先前同样的操作。将 Logo 改成红色,所有的线条也变成红色。在文字区域输入"柏林少女",再拖入玫瑰花图标并进行水平居中对齐。柏林少女标签见图 7-7-18。

图 7-7-17 蓝风铃标签　　　图 7-7-18 柏林少女标签

打开包装尺寸,内包装的标签尺寸显示为 90 mm×60 mm。

选择画板工具,新建一个画板,在上方工具栏中将高度调整为 90 mm,取消约束比例,将宽度调整为 60 mm,新建画板尺寸见图 7-7-19。

图 7-7-19 新建画板尺寸

选择矩形工具,新建 90 mm×60 mm 的矩形作为底图,并将底色填充为绿色,见图 7-7-20。

选择对齐画板进行对齐。按 Ctrl+C、Ctrl+F 进行原地复制。向中心进行缩放,再进行居中对齐。将描边和填充互换,描边调整为白色,描边大小调整为 2.5,效果见图 7-7-21。

选择钢笔工具,运用直线元素将标签分割成几部分,效果见图 7-7-22,用来放置产品信息。

图 7-7-20　绿色底图　　　　　　图 7-7-21　底图调整　　　　　　图 7-7-22　标签分割

内包装与外包装的标签是同样的风格，直接将 Logo 拖入并放大，按 Ctrl+Shift+] 置于顶部，将 Logo 填充为白色，把字体也拖入并调整为白色，效果见图 7-7-23。

按 Ctrl+T 调出字符面板，调整字体的字间距。因为下面的空间比较大，所以可以把字体调大一点再进行居中对齐。

选择图标及文字部分，直接复制过来，按 Ctrl+Shift+] 置于顶部。采用同样的排版方式，将所有的信息进行对齐。芬芳乌木香内包装标签成品见图 7-7-24。

接下来再调整它的颜色，可以直接吸取插画中的颜色，吸取位置见图 7-7-25。

图 7-7-23　底图素材填充　　　　　图 7-7-24　芬芳乌木香内包装标签成品

选择画板工具复制两个到右边来，见图 7-7-26。接下来绘制蓝风铃和柏林少女的内包装标签。先将底色分别调成蓝色及红色。

图 7-7-25　内包装标签底图颜色吸取位置　　　　图 7-7-26　复制内包装标签

接下来调整它的图标及香型就可以了。将底图按 Ctrl+R 进行锁定。选择蓝风铃的图标及文字,按 Ctrl+Shift+] 置于顶部并进行排版。相同地,柏林少女也是一样,经过一系列的操作,内包装整体样式见图 7-7-27。

图 7-7-27　内包装整体样式

香薰片包装整体效果见图 7-7-28。选择文件并保存,也可将其导出用于后期的贴图。

图 7-7-28　香薰片包装整体效果

7.8 纸袋的刀模绘制及包装排版设计

首先打开 AI 软件，新建一个 A4 大小的画板，点击"更多设置"，将文件命名为"自封袋"，见图 7-8-1，点击"创建文档"。

图 7-8-1 创建文件并命名

打开包装尺寸，找到包装袋的尺寸，按 Ctrl+C 复制，再回到 AI 软件，选择文字工具，按 Ctrl+V 粘贴。此包装采用铁丝自封口方底纸袋。

选择画板工具，将画板拉大一点。接下来开始绘制刀模。选择矩形工具，宽度输入 78 mm，高度输入 130 mm，数据见图 7-8-2。此为包装袋正面尺寸。

将上述矩形复制一次。将参考点放在最右边，宽度输入 28 mm，此为包装袋的侧面尺寸。选中两个矩形，再复制一次，此时两个正面以及两个侧面的尺寸就已经确定下来了，见图 7-8-3。

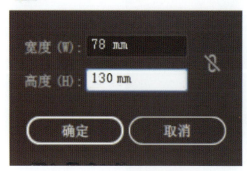

图 7-8-2 刀模正面尺寸

图 7-8-3 正侧面刀模

下面绘制包装袋的底部。拉一个矩形出来，将参考点放在最上面，高度输入 21 mm。接着绘制封口的矩形。打开包装尺寸，可以看到包装袋的高度是 130 mm，正面高度是 117 mm，则封口高度为 13 mm。

选择矩形工具，再拉一个矩形出来。选择变换，将参考点放在最上面，高度也调整为 13 mm。选择剪刀工具，将这条线单独裁剪出来作为折痕线，见图 7-8-4。

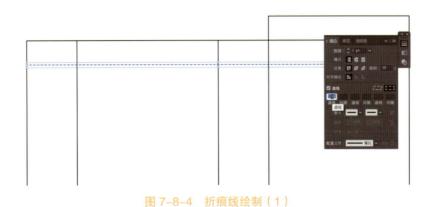

图 7-8-4　折痕线绘制（1）

选择窗口，选择描边，将折痕线改为虚线，再调整它的参数。接下来绘制底部及侧面的折痕线。再拉一个矩形，将参考点放在最下面，高度输入 14 mm。同样地，将这四条线裁切开，只保留上面这条线就可以了，见图 7-8-5。

再选择吸管工具吸一下线的设置，将多余的线删除。接着绘制侧面折痕线。选择钢笔工具画一条竖直线作为侧面的折痕线，再按 Alt 键复制一个到另一边。

下面绘制底部的斜折痕线。同样地，选择钢笔工具，将底部这两点进行连接，效果见图 7-8-6。

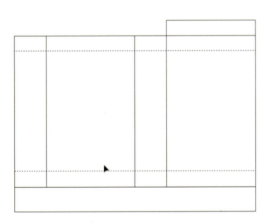

图 7-8-5　折痕线绘制（2）

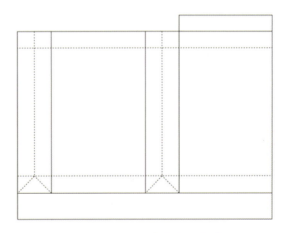

图 7-8-6　折痕线绘制（3）

再运用钢笔工具将侧面的斜折痕线进行延长。选择钢笔工具吸一下线的设置。另外一边也是同样的操作。效果见图 7-8-7。

选择吸管工具吸一下线的设置，在刀模的右边绘制粘口。拉一个矩形出来，将参考点放在最右边，宽度输入 10 mm，再选择剪刀工具将这四条线裁切开。再运用变换对称及变换旋转工具使上下两条短边旋转 15°。

放大视图，把多余的线删除，并进行对齐操作。整个自封口方底纸袋刀模就绘制完成了，整体效果见图 7-8-8。

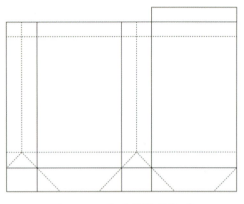
图 7-8-7 折痕线绘制（4）

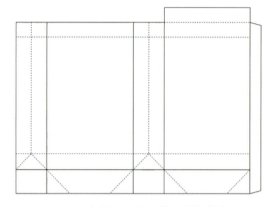
图 7-8-8 自封口方底纸袋刀模整体效果

接着绘制铁丝封口条。选择文字工具，输入"铁丝封口条"，文字大小与实际封口条相同。选择矩形工具，宽度输入 78 mm，高度输入 13 mm，按 Alt 键复制一个到右边，效果见图 7-8-9。将它的参考点放在最左边，宽度输入 20 mm，考虑封口条的厚度，以及环绕过后封口条在背面所要预留的大小，所以将其尺寸大小确定为 20 mm。

选择剪刀工具，将多余的线裁切并删除。选择这两条线，再选择吸管工具，吸一下下面线的设置。此时需要运用矩形工具画两条横线来表示铁丝的位置，效果见图 7-8-10。

图 7-8-9 铁丝封口条绘制　　　　　　　　图 7-8-10 铁丝封口条绘制效果

框选所有纸袋刀模线进行编组，并保存文件。接着按 Ctrl +Alt+ R 进行解锁。此包装袋虽有 3 种不同的香型，但其印刷和排版方式是一样的，这里仅介绍其中一种。此包装袋上面是有标签的，按 Ctrl + R 锁定底图，把标签分出来进行编组，再按 Ctrl +Alt+ R 进行解锁。框选所有图形并移入刀模线中，对齐后可将刀模线置于顶部，见图 7-8-11，以方便观察。

此时包装的正面已绘制完成，将刀模线按 Ctrl+ R 进行锁定。接下来绘制它的背面。选择矩形工具，拉一个跟背面一样大小的矩形，按 Ctrl + Shift +[置于底部，并按 Ctrl + R 进行锁定，以方便后期排版。将标签拖入背面，先放在这里，以方便观察。包装正面及背面效果见图 7-8-12。

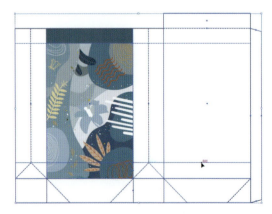
图 7-8-11 标签与刀模结合

图 7-8-12 包装正面及背面效果

接下来打开蓝风铃的资料，选择所有的文字信息，按 Ctrl 键复制过来，并调整字体大小和间距，最终效果见图 7-8-13。

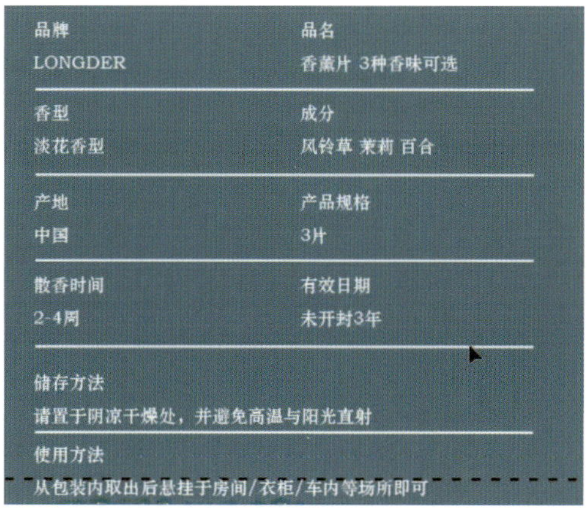

图 7-8-13　信息条最终效果

所有的文字信息排好之后删除多余的部分，将此标贴移出来，按 Ctrl+Alt+R 进行解锁，把底纹删除，先移到一边。

选择矩形工具绘制一个矩形，按 Ctrl+Shift+[置于底部。放大视图进行对齐，选择所有的刀模线，选择窗口透明度，把它的混合模式改为正片叠底，这样可以看得更清晰，见图 7-8-14。

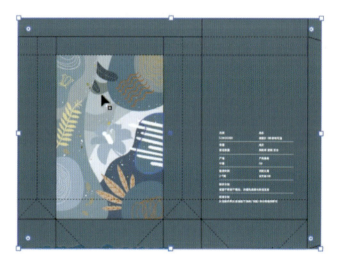

图 7-8-14　刀模填色效果

将刀模的参考点改在正中间，把它向上、下、左、右方向各扩展 3 mm，即高度增加 6 mm，宽度增加 6 mm。此为出血位设置。

选择标贴的部分，按 Alt 键复制一个，因为一个纸袋需要两个标贴。接着对铁丝封口条填色，见图 7-8-15，按 Ctrl + Shift+[置于底部。

图 7-8-15　铁丝封口条填色

将内包的标签移入画面中,并为其设置 2 mm 的出血位。选择这个线,再选择窗口透明度,将混合模式改为正片叠底。

再框选所有文件,将它放在画板的中间,按 Ctrl + Alt+R 进行解锁,并进行移动。选择文字,创建轮廓。再选择对象,扩展外观,纸袋、标签、标贴整体效果见图 7-8-16。

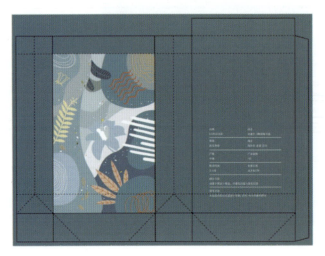

图 7-8-16　纸袋、标签、标贴整体效果

7.9　香薰片包装袋 3D 建模——犀牛的基础工具运用

本节要建的模型主要通过犀牛软件的四个视图来展现。

首先打开包装袋尺寸文件,其正面尺寸为 78 mm ×117 mm。在前视图中,选择矩形工具,拉一个矩形出来,宽度输入"78",高度输入"117",按 Enter 键确定,包装尺寸数值见图 7-9-1。

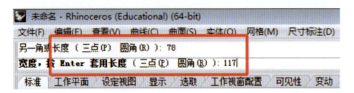

图 7-9-1　包装尺寸数值

选择曲面工具,以平面曲线建立曲面。将主视图模式改为左侧模式,再打开尺寸,显示包装袋的高度为 130 mm,则封口的高度为 13 mm。选择矩形工具,宽度输入"78",高度输入"13",再选择以平面曲线建立曲面,建一个曲面出来。此时包装袋正面及封口的大小就做出来了,效果见图 7-9-2。

选择左视图,选择旋转工具,先确定一个点,然后再拉动这个轴进行旋转,向右旋转 8°左右,见图 7-9-3,按 Enter 键确定。

设计实践——自封口纸袋香薰片系列包装设计　第七章

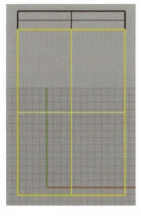

图 7-9-2　正面及封口效果

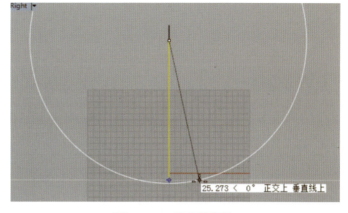

图 7-9-3　轴旋转数值

删除不需要的线，将这个面镜像一个到左边，接下来分割这个面。沿着这条线画一条直线，放大视图，再关闭物件锁点，命令栏输入"14"，效果见图 7-9-4。

选择这个曲线，选中之后选择直线工具画一条直线作为分割线。选择分割工具，选择要分割的面，再选取分割线，按 Enter 键确定，此时这个面就分割成了两个部分，见图 7-9-5。

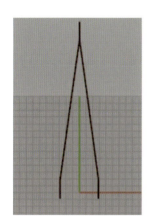

图 7-9-4　香薰片包装袋侧视图绘制

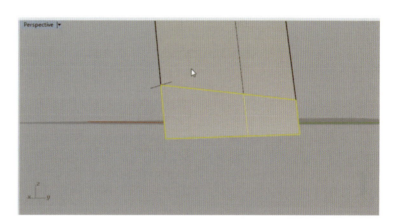

图 7-9-5　分割面

再选择旋转工具，在左视图中将这个面旋转成与地面垂直的状态。再选择镜像工具，在中间拉一个轴出来，这样就复制出了另一半曲面，这就相当于 AI 里面的对称工具。

接下来连接这两个面。选择直线工具绘制封口线条，见图 7-9-6。

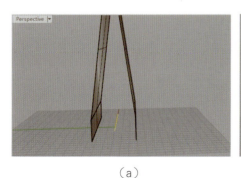
（a）

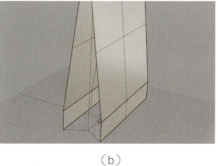
（b）

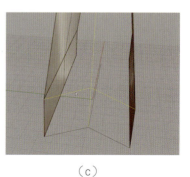
（c）

图 7-9-6　绘制封口线条

通过已绘制的封口线条建立曲面，效果见图7-9-7。

选择已建立的曲面并进行组合。再选择复制边缘工具，将整个模型的边缘复制出来，效果见图7-9-8。

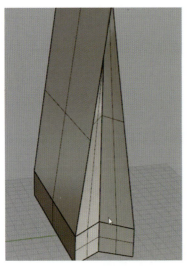 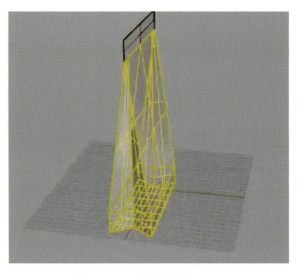

图7-9-7　建立曲面后效果　　　　　　　　图7-9-8　复制边缘后效果

再选择切面，保持这个预设不变，点击确定，这样就形成了一个底面，再选择底面和其他所有的面进行组合。此时包装袋为完全闭合的形态。将封口条以下包装袋的部分进行隐藏。

接下来做铁丝封口条的部分。选择立方体工具，在顶视图中沿着这个面画一个立方体，并进行居中对齐。选择二轴缩放，再选择单轴缩放，调整封口条的宽度，再进行水平居中对齐，整体轮廓见图7-9-9。

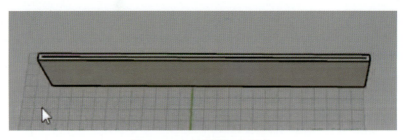

图7-9-9　铁丝封口条轮廓

接着再绘制一个立方体，将刚刚绘制的立方体进行裁切，相关数据显示见图7-9-10。

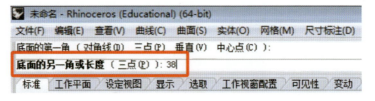

图7-9-10　铁丝封口条数据

再选择布尔差集运算。选择要被减去的多重曲面，也就是这个小立方体。再选择减去物件的多重曲面，也就是这个大立方体，按Enter键确定，多余的地方就已经被剪掉了。

接下来给它增加一个圆角，选择不等距边缘圆角工具，选择半径，输入"0.5"，效果见图7-9-11。

设计实践——自封口纸袋香薰片系列包装设计　第七章

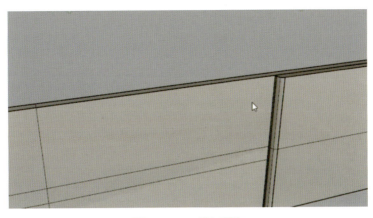

图 7-9-11　增加圆角

再选择显示物件，把刚才隐藏的包装袋部分显示出来，再框选所有图形进行居中对齐。在左视图中进行居中对齐，此时发现铁丝封口条的厚度有一点大，再选择单轴缩放工具，将厚度缩小一点，使其变薄。

在前视图中进行缩放，再框选所有的图形进行居中对齐。再将模式改为渲染模式，通过旋转视图来观察细节，见图 7-9-12。

再将模式改为着色模式，建模完成后效果见图 7-9-13。

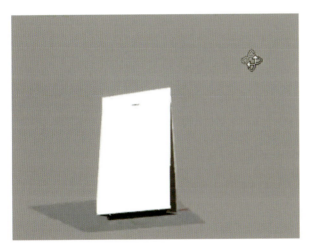
图 7-9-12　观察细节

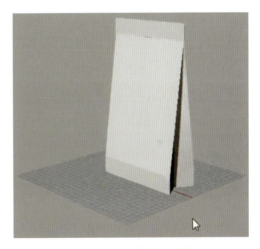
图 7-9-13　建模完成后效果

7.10　香薰片包装袋 3D 建模——效果图的构图与材质分层

首先移动包装袋的位置，选择立方体工具，在包装袋的下方绘制一个展台，再选择立方体工具，在已绘制的展台旁边绘制一个小展台，见图 7-10-1。

159

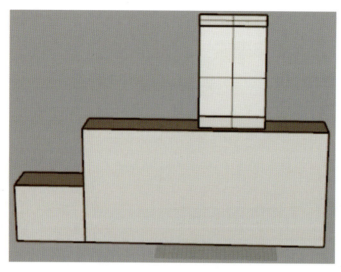

图 7-10-1　基础展台绘制

通过显示图将小展台和大展台的底部进行对齐。选择二轴缩放，先确定一个点并进行拉伸，将它放大。再选择包装袋，选择复制工具，复制一个到下面来，位置见图 7-10-2。

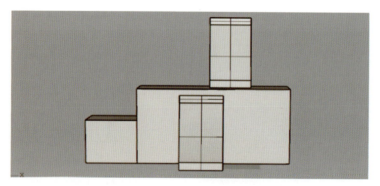

图 7-10-2　放置复制包装袋

选择旋转工具，将下面的包装袋向右旋转，这样可以展示它的侧面。接下来要在这两个展台的前面绘制三角形状的台阶。运用直线工具绘制一个三角形，框选所有的面并进行编组。

再调整三角形的角度，见图 7-10-3。选择以平面曲线建立曲面，再选择挤出曲面，在前视图中确定它的高度，并将多余的线删除。

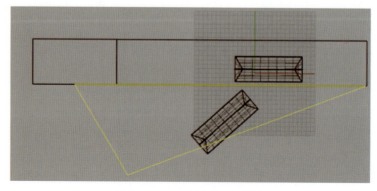

图 7-10-3　三角形角度调整

根据整个画面调整包装袋的位置，再选择缩放工具调整展台的高度，让整个画面变得非常有层次感，见图 7-10-4。

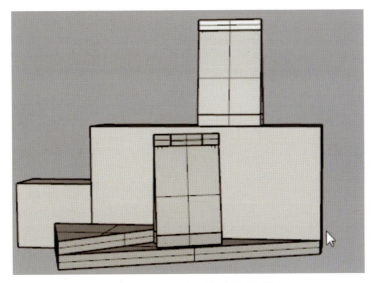

图 7-10-4　整体物件调整后位置

再运用旋转工具调整包装袋的角度。此时发现下面的三角形展台并不是非常适合，故将其删除并重画。

采用同样的方法，先确定一个点，再确定第二个点，最后这个点自动锁定到它的终点上。选择这条线，见图 7-10-5，以平面曲线建立曲面，再选择挤出曲面。

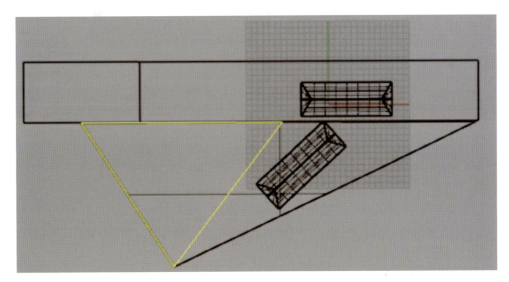

图 7-10-5　绘制三角形线条

接下来要在旁边的位置放置一个内包。打开产品的尺寸，显示为 90 mm×60 mm。在前视图中选择立方体工具，宽度输入"60"，高度输入"90"，在顶视图中再拉一下它的厚度。接下来要给它做一个圆角，选择不等距边缘圆角工具，在"下一个半径"后输入"0.8"，按 Enter 键确定。

接下来要在这个香薰片上面戳一个洞，效果见图 7-10-6，选择圆柱工具，画一个圆柱体。框选这两个模型进行垂直对齐，再调整圆柱的位置。接下来通过这个圆柱进行裁切。

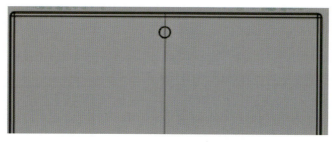

图 7-10-6 在香薰片上面戳一个洞

选择布尔差集运算,选择要被减去的曲面,再选择这个圆柱体,按 Enter 键确定,此时这个香薰片已经被剪出了一个洞,这是后期用来撑绳打的孔。将它移动到一个合适的位置上,选择复制工具,复制一个到右边来。再选择这个包装袋,选择复制工具,再复制一个到右边,并对其进行旋转调整。包装展示整体效果见图 7-10-7。

图 7-10-7 包装展示整体效果

再选择圆柱工具建一个圆柱形的展台。选择缩放工具,选择二轴缩放,再选择单轴缩放,确定一个参考点,再确定另一个参考点,来缩放圆柱的高度。选择这个内包并调整它的位置,再根据整个画面来调整其他物件的位置。

紧接着给圆柱形展台增加圆角。选择不等距边缘圆角工具,在"下一个半径"后输入"10",见图 7-10-8,按 Enter 键确定。

图 7-10-8 圆角数据填写

将模式改为渲染模式。采用同样的方法给长方体展台增加圆角。将上面的包装袋隐藏起来,选择不等距边缘圆角工具,在"下一个半径"后输入"3",框选这两个长方体所有的边,按 Enter 键确定,可以看到所有的边都已经变成了圆角,再选择显示物件。

下面来设置三角形展台的圆角,选择不等距边缘圆角工具,再依次选择边,见图 7-10-9,按 Enter 键确定,将多余的面及线删除,将整个视图缩小。

设计实践——自封口纸袋香薰片系列包装设计 | 第七章

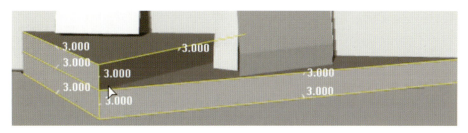

图 7-10-9　框选三角形展台边线

接下来建立背景板，见图 7-10-10。首先选择立方体工具，在顶视图中拉一个立方体作为底部背景板，再拉一个立方体作为竖向背景板。

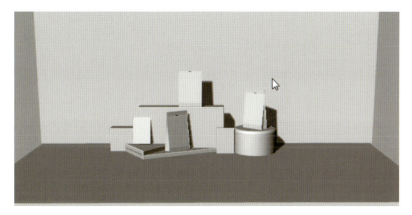

图 7-10-10　背景板建立后

选择这两块背景板并调整它们的位置，再根据整个画面的需要来调整物件的位置。此时发现这个背景板可能过于单一，所以要给它增加一些细节。

选择椭圆工具绘制一个圆形，并选择缩放工具来调整大小及位置，见图 7-10-11。

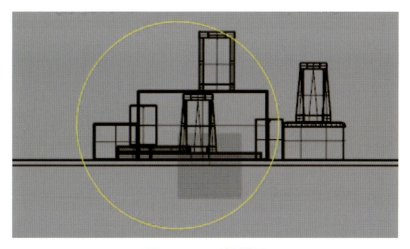

图 7-10-11　绘制圆形

调整好位置之后，运用这个圆形将竖向背景板分割成两个部分。选择要分割的物件，也就是竖向背景板，再选取切割用物件，也就是这个圆形，此时竖向背景板就被分割成两个部分。在后期渲染的时候，会对这两个部分分别赋予不同的材质来增强画面的形式感。

163

将两块背景板分别增加圆角,将主视图最大化,将模式改为着色模式。

此时能够看到每个物件的结构,再仔细观察,看一看有没有需要调整的地方。本节香薰片 3D 建模的部分就完成了,建模完成效果见图 7-10-12。

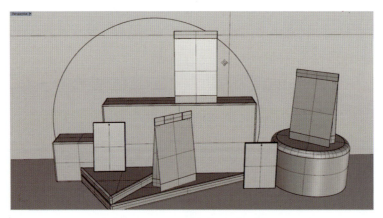

图 7-10-12　建模完成效果

此时全部模型是放在同一个图层里面的,后期的渲染需要将所有的材质进行分层。

将底部背景板设置为图层 17,后面的背景板设置为图层 18,中间圆圈设置为图层 19。

现在所有背景板的材质都已经设置好了,选择隐藏物件,见图 7-10-13,以方便选取其他的物件。

图 7-10-13　选择隐藏物件

对后续的物件也采取同样的操作进行图层设置。接着选择三个包装袋新建一个图层,再选择两个内包新建一个图层。接下来要变动贴图的材质,选择解散群组。

选择上面这个面,见图 7-10-14,将其设置为图层 27。再选择所有的封口条,新建图层 28。

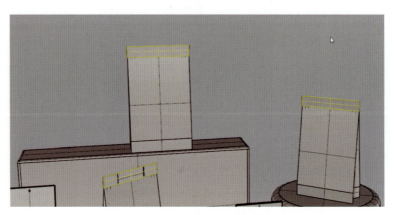

图 7-10-14　图层 27 面的选择

接下来设置贴图的材质,选择炸开,其余两个同样也炸开,它的正面分为两个小块面,选择这两个面进行组合,将它设置为图层 29。接着再选择内包的标贴,分别对它们赋予材质,见图 7-10-15。

此时可通过点击这些面来查看它们的图层。选择显示物件，将所有的物件显示出来，见图 7-10-16。

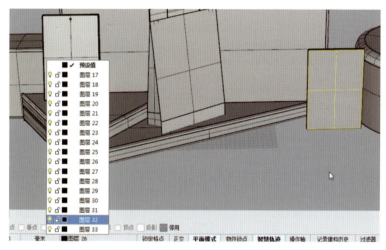

图 7-10-15　对内包的标贴分别赋予材质

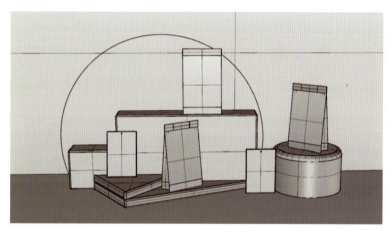

图 7-10-16　物件图层新建后

在导入 KeyShot 之前，一定要去检查每一个面的设置是否正确，相同的材质有没有分在同一个图层里面，检查好之后选择保存文件就可以了。

7.11　香薰片包装袋 3D 渲染——KeyShot 工具的运用

首先打开 KeyShot，选择导入，找到相应的 3D 模型，数据见图 7-11-1，点击"导入"。

现在导入之后发现什么都看不见，因为现在没有赋予任何材质，也没有灯光。双击背景板，选择颜色，选择蓝色，点击确定。

设置好之后进行香薰片包装袋的设置，双击它的正面，选择纹理，再选择颜色，找到之前导出的这个贴图，点击打开，现在它的正面就贴上贴图。将对准模型改为对准部件，把它的宽度及高度都调整一下，数据见图7-11-2。

这个面调整好之后，再点击另外一个面，将对准模型改为对准部件，并调整它的宽度及高度。此时发现它的角度不太对，可将映射类型改为平面，见图7-11-3，可以反复尝试并不断调整。

图7-11-1　导入数据选择

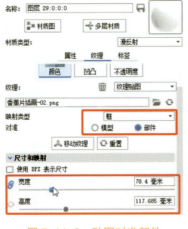
图7-11-2　贴图对准部件

图7-11-3　将映射类型改为平面

此时发现很难将贴图对齐，选择移动纹理，通过移动箭头来调整贴图的位置，贴图效果见图7-11-4。

图7-11-4　贴图效果

选择上面的封口条，吸一下贴图上的蓝色。再选择所有的侧面，同样也去吸一下这个蓝色，保持一致。再选择里面的香薰片，选择纹理颜色，找到它的贴图，将对准模型改为对准部件，并调整宽度及高度。再选择它侧面的材质，选择吸管工具，吸下正面的蓝色。整体填充颜色后见图7-11-5。

此时发现这个产品的贴图有一点黑边，双击并调整它的贴图，将一些没设置好的材质重新设置一下。黑边填充后见图7-11-6。

接下来设置它的环境，也就是它的灯光。选择环境，将左边这几个灯光拖进来，试一下它们的效果。这里就用第一种，因为第一种只有三个光源，是比较容易调整的。

将左上角这个光源点向上拖，整个画面就会变得非常亮，所以要调整光源。选择底部展台，将其调整为比较深的蓝色，数据见图7-11-7。这样能够凸显前面的包装袋。

图 7-11-5　整体填充颜色后

图 7-11-6　黑边填充后

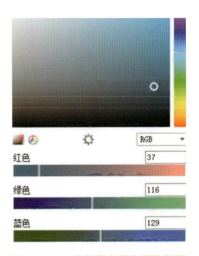

图 7-11-7　底部展台颜色更换数据

再选择封口条的部分,点击它的正面进入材质来调整背面贴图的亮度。再选择吸管工具将颜色也调整一下,点击确定。调整完后见图 7-11-8。

图 7-11-8　调整完后

当然还有相机,可通过调整距离参数来调整距离的大小,还有一些方位角或者扭曲角的设置,一般渲染 2000～4000 就够用了。

点击渲染。当画面左上角出现绿色对勾,就代表渲染已经完成了,只要点击这个绿色对勾就可以了。图 7-11-9 为渲染成品图。

图 7-11-9　渲染成品图

再选择文件并将其保存为文件包,可以保留文件中的灯光预设、材质预设,不会造成数据的丢失。

课后思考

1. 在设计香薰片包装的前期准备工作中,如何确保设计思路的严谨性和系统性?
2. 在插画设计的过程中,如何选择和整合元素以确保整体视觉效果的协调性?
3. 在纸袋的刀模绘制过程中,哪些关键点需要特别注意以避免常见错误?
4. 在 KeyShot 渲染过程中,如何通过材质和纹理的应用提升包装效果图的真实感和视觉冲击力?

参考文献 References

[1] 邵钰滢,何佳.从视觉趣味到文化意象——浅析文创产品设计层次与方法[J].美术教育研究,2019.

[2] 吴正英.产品设计中图形创意的文化介入[J].包装工程,2007,150(12):266-267+288.

[3] 郑帅.图形类文创产品的创新策略研究[J].设计,2020,33(7):84-86.

[4] 何丹.基于视觉传达的文创产品设计研究[J].玩具世界,2024(2).

[5] 韩笑.文创产品主题设计显著性视觉特征融合研究[J].现代电子技术,2021,44(2):149-152.

[6] 黄诗琪,曾宇.文创产品设计中的视觉元素研究——以"羽仙记"仙女湖文创产品设计为例[J].才智,2019(36):237.

[7] 熊晨蕾.中国传统文化视觉元素在文化创意产品设计中的运用[J].艺术科技,2018,31(12):193.

[8] 刘彤.浅谈视觉传达艺术在文创产品设计中的表现[J].西部皮革,2020,42(2):22.

[9] 张春.数字视觉创意图形在文创品牌塑造中的应用探讨[J].大众文艺,2022,524(2):74-76.

[10] 张容菱.创造性思维在产品设计中的表现——围绕IP文创产品的多元化视觉呈现[J].艺术与设计(理论),2021,2(8):105-107.

[11] 连公博.浅谈概念化视觉体验式文化创意产品设计[J].西部皮革,2018,40(19):66.

[12] 解亮.文创产品中图形设计探究[J].学园,2017,241(16):136-137.

[13] 涂勇,涂诗韵.文创产品系列设计中的视觉元素研究——以"海昏侯"为例[J].才智,2019(36):241.

[14] 邵露莹.基于可持续设计理论的非遗文创产品视觉设计研究[J].艺术与设计(理论),2022,2(4):87-92.

[15] 王颖.文创产品视觉设计与品牌塑造[J].艺术品鉴,2022(5):85-87.

[16] 胡聪,陈彬.秦腔视觉元素在文创产品设计中的创新应用[J].化纤与纺织技术,2021,50(7):137-138.

[17] 张格格.文创产品设计中的视觉元素提取及研究——以博物馆文创产品为例[J].青春岁月,2021(8):54-55.

[18] 刘一娇.基于传统视觉元素的文创产品包装设计研究[J].轻纺工业与技术,2021,50(6):27-28.

[19] 林超.视觉传达体系下的文创产品设计研究[J].艺术大观,2022,109(1):52-54.

[20] 赵佳,刘梦,郑梓萍.基于受众审美心理的文创产品视觉设计研究[J].艺术大观,2020,62(26):75-76.

[21] 韩舒畅,姚奕欣,白明慧.基于多感官体验的文创产品设计[J].大众文艺,2020,482(8):140-141.

[22] 薄慧鹏.传统元素融于文创产品设计的表现[J].包装工程,2022,43(14):339-342.

[23] 刘丽华.文创产品中包装设计的传统视觉元素应用研究[J].轻纺工业与技术,2021,50(11):68-70.

[24] 唐振钧.文化自信引领下传统元素当代文创产品设计应用研究[D].杭州:浙江工业大学,2020.

[25] Dai Y L.Digital art into the design of cultural and creative products[J].Journal of Physics: Conference Series, 2021.

[26] 刘洋, 门梦菲, 田蜜, 等. 文创产品的创新设计方法研究[J]. 包装工程, 2020,41（14）:288–294.

[27] 孟涛. 民间美术视觉符号在文创产品设计中的应用研究[J]. 艺术科技, 2018,31（9）:171.

[28] Dahl D W,Chattopadhyay A,Gorn G J.The use of visual mental imagery in new product design[J]. Journal of Marketing Research, 1999, 18–28.

[29] Wang X Y,Zhang Y H.The application of art design thinking in visual works from the perspective of digital media[J].Journal of Physics: Conference Series, 2020.

[30] 张高峰. 文创产品设计中传统纹样的融入与创新[J]. 包装工程, 2022,43（4）:401–404.